KB107328

개정판

日本語入門

윤 호 숙

제이앤씨
Publishing Company

본 교재는 일본어를 전혀 모르는 학습자를 대상으로 일본어의 기본 문자인 히라가나와 가타카나의 습득 및 발음 연습을 하게 한 뒤 기본적인 어휘, 문형, 문법 학습을 통해 간단한 독해, 작문, 청취, 회화를 가능하게 하는 것을 목표로 한다.
어휘와 문장 등 전반적인 내용을 쉽게 하여 학습자들이 재미있게 일본어를 익혀 자연스럽게 향상될 수 있도록 다양하게 구성하였다.

외국어에 능통하려면 어휘력과 정확한 어법 지식이 필수적이다. 그러나 그에 앞서 초급 단계에서 정확한 발음과 문자를 습득하는 것이 매우 중요하다고 할 수 있다. 또한 정확한 기초 실력을 향상시키는 방법으로는 반복 학습만큼 좋은 것이 없다. 따라서 본 교재는 일시적인 학습을 지양하고 배운 것을 반복 학습하여 충분히 활용할 수 있도록 하였다.

또한 전반부에서는 본문과, 어휘, 기본어법에 대한 설명을 통해 정확히 이해할 수 있도록 하였으며, 후반부에서는 전반부에서 배운 내용의 복습과 문제 풀이를 통해 보다 효과적으로 반복 학습할 수 있도록 구성하여 학습동기를 유발시켰다.

이밖에도 연습문제를 통해 좀 더 쉽고 재미있게 공부하도록 하여 일본어와 보다 친숙할 수 있도록 하였으며 [쉬어가기] 코너를 통해 일본의 문화와 생활을 배우고 이해하여 일본어에 대해 흥미를 가지도록 유도하였다.

본 교재가 완성되기까지 애써주신 제이앤씨 출판부 관계자 여러분께 감사의 뜻을 전하는 바이다.

2014년 2월
저자 윤호숙

차 례

第一課

일본어 문자와 발음(Ⅰ)
히라가나 오십음도

第一課

일본어 문자와 발음(Ⅰ)
히라가나 오십음도

□ 오십음도(五十音図)

	a행	ka행	sa행	ta행	na행	ha행	ma행	ya행	ra행	wa행	
a단	あ a	か ka	さ sa	た ta	な na	は ha	ま ma	や ya	ら ra	わ wa	
i단	い i	き ki	し si	ち chi	に ni	ひ hi	み mi		り ri		
u단	う u	く ku	す su	つ tsu	ぬ nu	ふ hu	む mu	ゆ yu	る ru		
e단	え e	け ke	せ se	て te	ね ne	へ he	め me		れ re		
o단	お o	こ ko	そ so	と to	の no	ほ ho	も mo	よ yo	ろ ro	を wo	ん* n

※ 50음도가 만들어진 당시에는 ん(발음)이 포함되지 않았으나 이후 추가되었음

1 일본어 문자와 오십음도(五十音図)

일본어를 표기할 때 쓰이는 문자에는 히라가나, 가타카나, 한자가 있는데 일반적으로 한자와 히라가는 섞어서 쓰고 가타카나는 외래어나 고유어를 표기할 때 사용한다.

현재 히라가나는 기본글자가 46개로 이루어져 있는데 이를 도표로 만든 것을 오십음도(五十音図)라 하며 세로를 행(行)이라고 하고 가로를 단(段)이라고 한다.

* 현재는 일부 문자가 소멸해서 50개가 되지 않으나 50개의 음을 도표로 만든 것이라 하여 오십음도라 한다.

2 오십음도의 행과 단

행은 오십음도의 첫번째 문자에 이름을 붙여서 あ(a)행, か(ka)행, さ(sa)행, た(ta)행…이라고 하고 단은 あ(a)단, い(i)단, う(u)단, え(e)단, お(o)단이라고 한다.

그러므로 あ(a)행에는 「あ・い・う・え・お」의 다섯 글자가 있고 か(ka)행에는 「か(ka)・き(ki)・く(ku)・け(ke)・こ(ko)」, さ(sa)행에는 「さ(sa)・し(si)・す(su)・せ(se)・そ(so)」 등 각각 다섯 글자씩 있다.

단도 첫번째 글자를 기준으로 명명하는데 あ단의 경우 あ(a), か(ka), さ(sa), た(ta), な(na), は(ha), ま(ma), や(ya), ら(ra), わ(wa)가 이에 해당한다.

3 히라가나의 청음과 로마자

오십음도의 히라가나 음은 성대가 진동하지 않는 맑은소리(무성음)라 하여 청음(淸音)이라고 하는데 각 행의 발음을 살펴보면 다음과 같고 각 발음을 영어의 알파벳으로 표기한 것을 로마자라고 한다.

1) あ(a)행

あ(a)행은 모음으로만 이루어져 있으며, 「あ・い・う・え・お」는 우리말 '아・이・우・에・오'와 발음이 비슷하나 「う」의 발음은 '우'와 '으'의 중간음으로 우리말의 '으'를 발음한 상태에서 위아래 입술을 안쪽으로 약간 오므려 '우'로 발음한다. 이때 '우'를 발음하듯이 입술을 앞으로 내밀지 않도록 주의한다.

2) か(ka)행

か(ka)행의 「か・き・く・け・こ」는 あ(a)행의 「あ・い・う・え・お」 다섯 개 모음에 자음 「k」가 합해져 되는데 첫머리에 올 때는 'ㅋ'를 가볍게 내는 소리에 가깝고 단어 중간에 올 때는 'ㄲ'음에 가깝다.

3) さ(sa)행

さ(sa)행의 「さ·し·す·せ·そ」는 あ(a)행의 「あ·い·う·え·お」 다섯 개 모음에 자음 「s」가 합해져 되는데 우리말 'ㅅ'에 가까운 음이다. 「う」와 마찬가지로 「す」 발음에 주의한다.

4) た(ta)행

た(ta)의 「た·て·と」는 「あ·え·お」에 자음 「t」가 합해져 우리말 'ㅌ'에 가깝게 발음되나 「ち」와 「つ」는 「chi([tʃi])」 「tsu([tsɯ])」로 발음하며 한국어에는 없는 음이므로 주의해야 한다.

5) な(na)행

な(na)행의 「な·に·ぬ·ね·の」는 あ(a)행의 「あ·い·う·え·お」 다섯 개 모음에 자음 「n」이 합해져 되는데 우리말 'ㄴ'에 가까운 음이다.

6) は(ha)행

は(ha)행의 「は·ひ·ふ·へ·ほ」는 あ(a)행의 「あ·い·う·え·お」 다섯 개 모음에 자음 「h」가 합해져 되는데 우리말 'ㅎ'에 가까운 음이나 「ひ」와 「ふ」의 발음에 주의한다.

7) ま(ma)행

ま(ma)행의 「ま·み·む·め·も」는 あ(a)행의 「あ·い·う·え·お」 다섯 개 모음에 자음 「m」이 합해져 되는데 우리말 'ㅁ'에 가까운 음이다.

8) や(ya)행

や(ya)행의 「や·ゆ·よ」는 あ(a)행의 「あ·う·お」에 반모음 [j]가 합해져 되는데 우리말 '야·유·요'에 가까운 음이다.

9) ら(ra)행

ら(ra)행의 「ら·り·る·れ·ろ」는 あ(a)행의 「あ·い·う·え·お」다섯 개 모음에 자음 「r」이 합해져 되는데 우리말 'ㄹ'에 가까운 음이나 영어의 [l]발음과 다르므로 주의한다.

10) わ(wa)행

わ(wa)행의 「わ·を」는 あ(a)행의 「あ·お」에 반모음 [w]가 합해져 되는데 우리말 '와·오'에 가까운 음이다.

11) ん

우리말의 ㄴ/ㅁ/ㅂ 받침과 같은 역할을 하는데, 뒤에 오는 음에 따라 발음이 조금씩 달라지므로 주의한다.

1. 히라가나의 「あ」단을 순서대로 나열한 것을 선택하세요.

① a행 ka행 sa행 ta행 ha행 na행 ma행 ra행 ya행 wa행

② a행 ka행 ta행 sa행 na행 ha행 ma행 ya행 ra행 wa행

③ a행 ka행 sa행 ta행 na행 ha행 ma행 ya행 ra행 wa행

④ a행 ka행 ta행 sa행 ha행 na행 ma행 ya행 ra행 wa행

2. 「た」행을 순서대로 나열한 것을 선택하세요.

① た-つ-ち-て-と　　② た-と-ち-つ-て
③ た-ち-つ-と-て　　④ た-ち-つ-て-と

3. 「な」행을 순서대로 나열한 것을 선택하세요.

① な-に-ね-ぬ-の　　② な-に-ぬ-ね-の
③ な-に-ぬ-の-ね　　④ な-に-の-ぬ-ね

4. 다음 중 다른 행을 선택하세요.

① き　　② さ　　③ す　　④ そ

5. 다음 중 같은 행끼리 짝지어지지 않은 것을 선택하세요.

① か-き-く-け-こ　　② た-ち-つ-て-と
③ ら-り-る-れ-ろ　　④ さ-し-ぬ-せ-の

6. 다음 중 올바른 것을 선택하세요.

1 빈칸에 해당하는 히라가나를 선택해보세요.

(1) ka행

こ　き　か　け　（　　）

┌ 보기 ─────────────────────
　　　　こ　く　へ　く
└───────────────────────────

(2) ra행

り　（　　）　る　ろ　れ

┌ 보기 ─────────────────────
　　　　き　さ　ら　ち
└───────────────────────────

(3) ta행

た　つ　ち　（　　）　と

┌ 보기 ─────────────────────
　　　　て　こ　の　け
└───────────────────────────

② 다음 음을 잘 듣고 해당하는 히라가나를 선택해 보세요.

(1) ① い ② ち ③ し ④ く

(2) ① る ② ら ③ ね ④ り

(3) ① む ② な ③ ほ ④ ぬ

(4) ① や ② せ ③ わ ④ ま

(5) ① す ② け ③ と ④ ふ

③ 히라가나에 해당하는 로마자를 연결해 보세요.

(1)			(2)			(3)		
ま •	• ma		に •	• no		ふ •	• yu	
も •	• mi		ぬ •	• na		ゆ •	• ke	
む •	• mu		な •	• ne		け •	• hu	
み •	• me		の •	• ni		て •	• chi	
め •	• mo		ね •	• nu		ち •	• te	

7. 다음 히라가나에 해당되는 로마자를 적으세요.

(1) まもむみめ _____

(2) にぬなのね _____

(3) ふゆけてち _____

(4) いりはほこ _____

(5) すし _____

(6) さくら _____

(7) やま _____

(8) かた _____

	a행	ka행	sa행	ta행	na행	ha행	ma행	ya행	ra행	wa행
a단										
i단										
u단										
e단										
o단										

Memo

일본어 문자와 발음(Ⅱ)
탁음, 반탁음, 요음, 장음

第二課

일본어 문자와 발음(Ⅱ)
탁음, 반탁음, 요음, 장음

□ 탁음, 반탁음, 요음, 장음

<탁음>

	ga행	za행	da행	ba행
a단	が ga	ざ za	だ da	ば ba
i단	ぎ gi	じ zi	ぢ zi	び bi
u단	ぐ gu	ず zu	づ zu	ぶ bu
e단	げ ge	ぜ ze	で de	べ be
o단	ご go	ぞ zo	ど do	ぼ bo

<반탁음>

	pa행
a단	ぱ pa
i단	ぴ pi
u단	ぷ pu
e단	ぺ pe
o단	ぽ po

<청음 요음>

	きゃ행	しゃ행	ちゃ행	にゃ행	ひゃ행	みゃ행	りゃ행
あ단	きゃ kya	しゃ sya	ちゃ cha	にゃ nya	ひゃ hya	みゃ mya	りゃ rya
い단							
う단	きゅ kyu	しゅ syu	ちゅ chu	にゅ nyu	ひゅ hyu	みゅ my	りゅ ryu
え단							
お단	きょ kyo	しょ syo	ちょ cho	にょ nyo	ひょ hyo	みょ myo	りょ ryo

<탁음과 반탁음 요음>

	ぎゃ행	じゃ행	ぢゃ행	びゃ행	ぴゃ행
あ단	ぎゃ gya	じゃ zya	ぢゃ zya	びゃ bya	ぴゃ pya
い단					
う단	ぎゅ gyu	じゅ zyu	ぢゅ zyu	びゅ byu	ぴゅ pyu
え단					
お단	ぎょ gyo	じょ zyo	ぢょ zyo	びょ byo	ぴょ pyo

1 탁음(濁音)

청음에 비해 성대가 진동하는 탁한 소리(유성음)라 하여 탁음이라 하는데 가나 오른쪽 위에 탁음부호(˝)를 찍어 나타낸다. 그러나 모든 행의 가나에 해당되는 것이 아니라 か행, さ행, た행, は행에만 해당된다.

1) が행

か(ka)행의 「か・き・く・け・こ」에 탁음부호(˝)를 찍어 나타내며 자음은 영어의 [g]발음에 가깝다. く와 마찬가지로 ぐ발음에 주의.

が ga   ぎ gi   ぐ gu   げ ge   ご go

2) ざ행

さ(sa)행의 「さ・し・す・せ・そ」에 탁음부호(˝)를 찍어 나타내며 자음은 영어의 [z]발음에 가깝다.

ざ za   じ zi   ず zu   ぜ ze   ぞ zo

3) だ행

た(ta)행의 「た·ち·つ·て·と」에 탁음부호(ﾞ)를 찍어 나타내며 「だ·で·ど」 자음은 영어의 [d]발음에 가깝고 「ぢ」와 「づ」는 ざ행의 「じ」와 「ず」에 가깝다.

だ da   ぢ zi   づ zu   で de   ど do

4) ば행

は(ha)행의 「は·ひ·ふ·へ·ほ」에 탁음부호(ﾞ)를 찍어 나타내며 자음은 영어의 [b]발음에 가깝다.

ば ba   び bi   ぶ bu   べ be   ぼ bo

2 반탁음(半濁音)

반탁음은 ぱ행뿐이다. は(ha)행의 「は·ひ·ふ·へ·ほ」에 반탁음 부호(°)를 찍어 나타내며 머리말에 올 때의 자음은 영어 [p]발음에 가깝고 중간에 올 때는 한국어 "ㅃ"에 가깝다.

ぱ pa   ぴ pi   ぷ pu   ぺ pe   ぽ po

3 요음(拗音)

청음, 탁음, 반탁음의 い단인 「き(ぎ)·し(じ)·ち(ぢ)·に·ひ(び, ぴ)·み·り」 오른쪽 아래에 「や·ゆ·よ」를 작게 붙여 나타내며 이중 모음의 한 음절로 발음한다.

き ki ＋ や ya ⇒ きゃ kya
ち chi ＋ ゆ yu ⇒ ちゅ chu
ぴ pi ＋ よ yo ⇒ ぴょ pyo

4 **발음(撥音)**

발음인 「ん」은 오십음도의 마지막 문자로 단독으로는 쓸 수 없고 반드시 다른 글자와 함께 쓰이며 우리말의 받침 역할을 한다.

1) か(が)행 앞에서는 [ng]으로 발음한다.

えんこ(고장 나서 움직이지 못함)

2) ば(ぱ)・ま행 앞에서는 [m]으로 발음한다.

さんぽ(산책)　　あんま(안마)

3) さ(ざ)・た(だ)・な・ら행 앞에서는 [n]으로 발음한다.

べんとう(도시락)

4) あ・さ・は・や・わ행 앞에서는 [ng]의 콧소리로 발음한다.

うどんや(우동가게)

5 **촉음(促音)**

촉음은 「つ」를 다른 문자의 오른쪽 아래에 작게 붙여 쓰는 것을 말하는데 발음 「ん」과 마찬가지로 우리말의 받침 역할을 하고 뒤에 오는 자음에 따라 음이 결정되며 약 한 박자의 길이로 발음한다는 것에 주의해야 한다.

1) か행 앞에서는 [k]로 발음한다.

めっき(도금)　　ほっかいどう(홋가이도)

2) さ행 앞에서는 [s]로 발음한다.

あっさり(담백하게)

3) た행 앞에서는 [t]로 발음한다

あっち(저쪽)

4) ぱ행 앞에서는 [p]로 발음한다.

いっぱい(가득)

6 장음(長音 ちょうおん)

일본어에는 모임이 장음인 경우 뜻이 완전히 달라지기 때문에 매우 중요하다. 장음도 한 박자 더 길게 발음하는데 보통 다음과 같이 표기하고 발음한다.

あ단 - ああ(あ를 두 번 ああ라고 발음하는 것이 아니라 あ-라고 길게 끌 어서 발음)

おかあさん(어머니)

い단 - いい(い를 두 번 いい라고 발음하는 것이 아니라 い-라고 길게 끌 어서 발음)

おじいさん(할아버지)

う단 - うう(うう라고 발음하는 것이 아니라 う-라고 길게 끌어서 발음)

くうき(공기)

え단 - ええ 또는 えい(え를 두 번 발음하거나 えい라고 하는 것이 아니라
え-라고 길게 끌어서 발음)

せんべい(센베, 일본전통과자)

お단 - おお 또는 おう(お를 두 번 발음하거나 おう라고 발음하는 것이 아
니라 お-라고 길게 발음)

とうきょう(동경)   おおさか(오사카)

단어연습

あご 턱	あんこ 팥속	あさひ 아침 해
あっさり 담백하게	あんま 안마	いざかや 선술집
いっぱい 가득	うどん 우동	うわぎ 윗저고리
えんか 일본가요	おおさか 오사카	おでん 어묵
おやぶん 두목	おげんきですか 잘 지내세요?	かばん 가방
きもの 기모노	げた 게타, 일본나막신	こぶん 부하
こんぶ 다시마	こぼう 우엉	さくら 벚꽃
さしみ 회	ざる 소쿠리	ざぶとん 방석
さら 접시	さんぽ 산책	しまい 끝
した 아래	しょうぶ 승부	しんかんせん 신칸센
すじ 근육	すもう 스모	そうだん 상담
そでなし 민소매	そば 메밀	たくあん 단무지
たこやき 다코야키	たばこ 담배	たまねぎ 양파
たらい 대야	ちゃんぽん 짬뽕	ちょっと 좀

つきだし 일식전채요리	つめきり 손톱깎이	てんぷら 튀김
とうきょう 동경	とり 새, 닭	とんかつ 돈까스
ながれ 무효	なら 나라시(지명)	なわばり 세력권
ばかやろう 바보놈	はやし 일본의 성(씨)	ひろしま 히로시마(지명)
ふかし 부풀림	ふじさん 후지산	ふろく 부록
べんとう 도시락	まんじゅう 만두	まんたん 가득채움
みかん 귤	むてっぽう 무모함	もち 떡
やま 산	ようじ 이쑤시개	よこはま 요코하마(지명)
ようかん 양갱	らーめん 라면	わりばし 나무젓가락
わいろ 뇌물		

 연습문제

 1. 다음 단어를 듣고 탁음과 반탁음을 구분해 보세요.

    (1)   탁음 (　　)   반탁음 (　　)

    (2)   탁음 (　　)   반탁음 (　　)

    (3)   탁음 (　　)   반탁음 (　　)

 2. 다음 단어를 듣고 해당하는 단어를 선택해 보세요.

    (1) ① ようじ   ② よじ

    (2) ① おさか   ② おおさか

(3)　①　こぼ　　　②　こぼう

(4)　①　そだん　　　②　そうだん

(5)　①　べんとう　　②　べんと

(6)　①　まんじゅ　　②　まんじゅう

3. 다음 단어를 듣고 발음(ん)이 있는 단어를 선택해 보세요.

(1)　①　　②　　③　　④

(2)　①　　②　　③　　④

(3)　①　　②　　③　　④

(4)　①　　②　　③　　④

(5)　①　　②　　③　　④

4. 이미지를 보고 어떤 단어인지 생각해 보세요.

(1)　　_____　(2)　　_____

(3)　　_____　(4)　　_____

(5) _____   (6) _____

(7) _____   (8) _____

(9) _____   (10) _____

(11) _____   (12) _____

쓰기연습

<탁음>

	ga행	za행	da행	ba행
a단				
i단				
u단				
e단				
o단				

<반탁음>

	pa행
a단	
i단	
u단	
e단	
o단	

<청음 요음>

	きゃ행	しゃ행	ちゃ행	にゃ행	ひゃ행	みゃ행	りゃ행
あ단							
い단							
う단							
え단							
お단							

<탁음과 반탁음 요음>

	ぎゃ행	じゃ행	ぢゃ행	びゃ행	ぴゃ행
あ단					
い단					
う단					
え단					
お단					

Memo

第三課

일본어 문자와 발음(Ⅲ) 가타카나(片仮名)

第三課

일본어 문자와 발음(Ⅲ)
가타카나(片仮名)

☐ **가타카나의 발음**

가타카나는 한문을 읽기 위해 토를 다는데 사용한 문자가 기원인데, 한자의 일부 획을 이용해 만든 문자이다. 보통 외래어나 고유어, 의성어·의태어를 표기할 때 사용하며 최근 외래어 사용이 급증하여 가타카나도 상당히 많이 쓰이고 있다.

1 가타카나의 오십음도와 청음

히라가나와 마찬가지로 가타카나도 오십음도(五十音図)가 있으며 세로를 행(行)이라고 하고 가로를 단(段)이라고 한다. 오십음도의 기본음도 청음 (清音)이며 다음과 같이 구성된다.

	a행	ka행	sa행	ta행	na행	ha행	ma행	ya행	ra행	wa행
a단	ア a	カ ka	サ sa	タ ta	ナ na	ハ ha	マ ma	ヤ ya	ラ ra	ワ wa
i단	イ i	キ ki	シ si	チ chi	ニ ni	ヒ hi	ミ mi		リ ri	
u단	ウ u	ク ku	ス su	ツ tsu	ヌ nu	フ hu	ム mu	ユ yu	ル ru	
e단	エ e	ケ ke	セ se	テ te	ネ ne	ヘ he	メ me		レ re	
o단	オ o	コ ko	ソ so	ト to	ノ no	ホ ho	モ mo	ヨ yo	ロ ro	ヲ wo

2 가타카나의 탁음과 반탁음

가타카나의 탁음과 반탁음도 발음은 히라가나의 탁음, 반탁음과 같다.

<탁음>

	ga행	za행	da행	ba행
a단	ガ ga	ザ za	ダ da	バ ba
i단	ギ gi	ジ zi	ヂ zi	ビ bi
u단	グ gu	ズ zu	ヅ zu	ブ bu
e단	ゲ ge	ゼ ze	デ de	ベ be
o단	ゴ go	ゾ zo	ド do	ボ bo

<반탁음>

	pa행
a단	パ pa
i단	ピ pi
u단	プ pu
e단	ペ pe
o단	ポ po

3 가타카나의 요음(拗音_{ようおん})

<청음 요음>

	キャ행	シャ행	チャ행	ニャ행	ヒャ행	ミャ행	リャ행
ア단	キャ kya	シャ sya	チャ cha	ニャ nya	ヒャ hya	ミャ mya	リャ rya
イ단							
ウ단	キュ kyu	シュ syu	チュ chu	ニュ nyu	ヒュ hyu	ミュ myu	リュ ryu
エ단							
オ단	キョ kyo	ショ syo	チョ cho	ニョ nyo	ヒョ hyo	ミョ myo	リョ ryo

<탁음과 반탁음 요음>

	ギャ행	ジャ행	ヂャ행	ビャ행	ピャ행
ア단	ギャ gya	ジャ zya	ヂャ zya	ビャ bya	ピャ pya
イ단					
ウ단	ギュ gyu	ジュ zyu	ヂュ zyu	ビュ byu	ピュ pyu
エ단					
オ단	ギョ gyo	ジョ zyo	ヂョ zyo	ビョ byo	ピョ pyo

청음, 탁음, 반탁음의 イ단인 「キ(ギ)·シ(ジ)·チ(ヂ)·ニ·ヒ(ビ,ピ)·ミ·リ」의 오른쪽 아래에 「ヤ·ユ·ヨ」를 작게 붙여 나타내며 이중 모음의 한 음절로 발음한다.

キ ki ＋ ャ ya ⇒ キャ kya

チ chi ＋ ュ yu ⇒ チュ chu

ピ pi ＋ ョ yo ⇒ ピョ pyo

4 가타카나의 발음(撥音)과 촉음(促音)

발음 「ン」과 촉음 「ッ」도 히라가나와 음은 같다.

5 가타카나의 장음(長音)

가타카나의 장음은 히라가나와 달리 앞의 발음을 한음 더 길게 발음하며 장음 표기는 「ー」부호를 사용한다.

アイスクリーム　　　ケーブル　　　サッカー

ヨーグルト　　　ボール　　　ジュース

アイスクリーム 아이스크림	アイドル 아이돌, 우상	アメリカ 미국
アニメーション 애니메이션	イメージ 이미지	イベント 이벤트
インテリ 인텔리	ウール 울	ウーマン 우먼
エアコン 에어컨	エスカレーター 에스컬레이터	オイル 오일
オーナー 오너	カーテン 커튼	カッター 커터, 작은 칼
キッチン 키친	キス 키스	ギター 기타
キャンペーン 캠페인	キュリー夫人 퀴리부인	グループ 그룹
ケーブル 케이블	ゲーム 게임	コーヒー 커피
ゴールド 골드	シャツ 셔츠	ショック 쇼크
ジュース 주스	スキー 스키	ズボン 바지
センス 센스	タクシー 택시	ダンス 댄스
チキン 치킨	チョコレート 초콜릿	テレビ TV
トイレ 화장실	ナイフ 나이프	ネクタイ 넥타이
ノート 노트	ノック 노크	バス 버스
バナナ 바나나	ピアノ 피아노	ビデオ 비디오
ベット 침대	ホテル 호텔	マナー 매너
ミルク 우유	メニュー 메뉴	メモ 메모
モデル 모델	ユーモア 유머	ラーメン 라면
ラジオ 라디오	ランチ 런치	ルーム 룸
レーザー 레이저	ロマンス 로맨스	ワイン 와인

1. 다음중 가타카나가 아닌 것을 고르시오.

① か カ リ ヤ

② ヘ モ レ ら

③ ヒ と サ コ

④ ウ ク う ス

 2. 왼쪽 히라가나와 가타카나가 같은 것끼리 연결하세요.

(1) み •　　•シ　　(2) く •　　•ウ

　　つ •　　•ミ　　　　わ •　　•ワ

　　し •　　•ツ　　　　う •　　•ラ

　　そ •　　•ソ　　　　を •　　•ヲ

　　の •　　•ノ　　　　ら •　　•ク

(3) よ •　　•ヨ　　(4) は •　　•テ

　　ゆ •　　•ユ　　　　ほ •　　•メ

　　ろ •　　•ロ　　　　て •　　•モ

　　に •　　•コ　　　　め •　　•ハ

　　こ •　　•ニ　　　　も •　　•ホ

3. 다음 단어를 듣고 빈칸에 들어가는 가타카나를 보기에서 골라 보세요.

보기
ユ　カ　ス　ッ　オ　ル
ゲ　ベ　ン　プ　イ　ツ

(1)　イ（　　）ント

(2)　エス（　　）レーター

(3)　キ（　　）

(4)　グルー（　　）

(5)　キャ（　　）ペーン

(6)　（　　）ーム

(7)　シャ（　　）

(8)　ジ（　　）ース

(9)　ト（　　）レ

(10)　ノ（　　）ク

(11)　ビデ（　　）

(12)　ミ（　　）ク

4. 이미지를 보고 어떤 단어일지 생각해 보세요.

(1) _____

(2)  _____

(3) _____

(4)  _____

(5) _____

(6)  _____

(7) _____

(8) _____

(9) _____

(10) _____

(11) _____

(12) _____

쓰기연습

	a행	ka행	sa행	ta행	na행	ha행	ma행	ya행	ra행	wa행
a단										
i단										
u단										
e단										
o단										

<탁음>

	ga행	za행	da행	ba행
a단				
i단				
u단				
e단				
o단				

<반탁음>

	pa행
a단	
i단	
u단	
e단	
o단	

<청음 요음>

	キャ행	シャ행	チャ행	ニャ행	ヒャ행	ミャ행	リャ행
ア단							
イ단							
ウ단							
エ단							
オ단							

<탁음과 반탁음 요음>

	ギャ행	ジャ행	ヂャ행	ビャ행	ピャ행
ア단					
イ단					
ウ단					
エ단					
オ단					

Memo

はじめまして。イです。

第四課

はじめまして。イです。

イ　中村先生、おはようございます。

中村　あ、イさん、おはよう。イさん、林さんです。

林　はじめまして。林です。どうぞ　よろしく。

イ　はじめまして。イです。どうぞ　よろしく　おねがいします。

林　イさんは　学生ですか。

イ：　はい、そうです。林さんは。

林　私は　会社員です。

☐ はじめまして   처음 뵙겠습니다

☐ ～です   ～입니다

☐ 先生(せんせい)   선생님

☐ おはようございます   안녕하세요(아침인사)

☐ あ   감탄사, 아

☐ ～さん   ～씨, ～님

☐ どうぞ よろしく   잘 부탁드립니다.(おねがいします가 생략된 표현)
    おねがいします   부탁드립니다

☐ 学生(がくせい)   학생

☐ ～ですか   ～입니까, 여기서 「か」는 의문문을 만드는 조사

☐ はい   예

☐ そうです   그렇습니다

☐ ～は   ～은(는)

☐ 私(わたし)   나, 저

☐ 会社員(かいしゃいん)   회사원

어구설명

1   はじめまして(처음 뵙겠습니다)

'시작하다(はじめる)'란 동사에서 온 인사말.

2   おはようございます(안녕하세요)

일본어는 영어와 마찬가지로 아침 점심 저녁 인사가 다르게 쓰인다. 「おは

ようございます」는 주로 오전에 만났을 때 많이 쓴다. 손아래나 동년배에게는 「おはよう」라고 한다.

3 ～さん(～씨)

성명 뒤에 붙여 경의를 나타내는 말로 남성과 여성 모두에게 쓰이며, 우리말 '～씨'보다 훨씬 넓게 쓰인다. 일본인은 주로 성만을 부르므로 성에 붙여 쓰는 경우가 많다.

4 どうぞ よろしく(잘 부탁드립니다)

「どうぞ」는 '아무쪼록, 부디'란 뜻의 부사이며 단독으로 쓰일 경우에는 상대방에게 무언가를 권할 때 영어의 'please'란 의미로 많이 쓰인다. '잘'이라는 뜻의 「よろしく」와 함께 '잘 부탁드립니다'란 뜻으로 쓰인다. 「おねがいします(부탁드립니다)」가 생략된 표현.

 문법설명

1 ～は ～です ～은(는) ～입니다

「は」는 우리말 '은/는'에 해당하는 조사이며 발음할 때 [wa]로 되는 것에 주의. 「～です」는 '～입니다'란 뜻으로 단정 서술할 때 쓰인다.

2 ～は ～ですか ～은(는) ～입니까

「～ですか」는 「～です」의 의문형으로 「か」는 의문 조사. 문말 억양이 올라가는데 주의. 의문부호 '?'는 강조할 때 이외에는 잘 사용하지 않고 보통은 「。」를 사용한다.

1. 다음 단어들을 따라 읽어서 익힙시다.

せんせい   おはようございます

どうぞ よろしく   おねがいします

がくせい   ですか

はい   そうです

わたし   わたしは

かいしゃいん

2. 일본어로 인사를 하려고 합니다. 다음 단어들을 올바르게 연결해 보세요.

┌─ 보기 ─────────────────────────────┐
│ 1) は　よ　う　お　ざ　ま　す   │
│ 2) ま　は　じ　め　て　し   │
│ 3) ど　く　う　ぞ　よ　ろ　し   │
└────────────────────────────────────┘

➡ _____ 。

➡ _____ 。

➡ _____ 。

1. 다음 음성을 잘 듣고 _____ 에 알맞은 단어를 넣으시오.

中村、先生おはようございます。

あ、イさん、_____。イさん、林さんです。

はじめまして。イです。どうぞ _____ おねがいします。

イさんは 学生ですか。

はい、_____。林さんは。

_____ 会社員です。

┌ 보기 ─────────────────────────────┐
│   よろしく   私は   そうです   おはよう   │
└─────────────────────────────────┘

  2. 다음 한자의 히라가나 표기가 맞는 것을 고르시오.

(1) 学生   ① がくせえ   ② かくせい

           ③ がくせい   ④ かくせえ

(2) 先生   ① せんせい   ② せんせえ

           ③ せんせ   ④ せんせん

(3) 会社員 ① かいしゃえん   ② がいしゃいん

           ③ かいしやいん   ④ かいしゃいん

(4) 私   ① わだし   ② はたし

           ③ あだし   ④ わたし

1. 보기의 단어를 이용하여 다음과 같이 문장을 완성하시오.

___先生___ です。

---보기---

うどん	おでん	おやぶん	きもの	さくら
さしみ	しんかんせん	すもう	たくあん	たばこ
たまねぎ	ちゃんぽん	つめきり	てんぷら	とうきょう
ばかやろう	ふじさん	べんとう	まんじゅう	まんたん
みかん	むてっぽう	もち	ようじ	わりばし

1 _____。 **2** _____。

3 _____。 **4** _____。

5 _____。 **6** _____。

7 _____。 **8** _____。

9 _____。 **10** _____。

11 _____。 **12** _____。

13 _____。 **14** _____。

15 _____。 **16** _____。

17 _____。 **18** _____。

19 _____。 **20** _____。

2. 다음 제시된 단어들을 이용하여 다양한 문형을 만들어보세요

わたし キムさん たなかさん イさん トニーさん	は	せんせい がくせい かいしゃいん いしゃ ピアニスト です。

1 _____ 。   **2** _____ 。

3 _____ 。   **4** _____ 。

5 _____ 。   **6** _____ 。

7 _____ 。   **8** _____ 。

9 _____ 。   **10** _____ 。

11 _____ 。   **12** _____ 。

13 _____ 。   **14** _____ 。

15 _____ 。   **16** _____ 。

17 _____ 。   **18** _____ 。

19 _____ 。   **20** _____ 。

3. 다음 보기의 단어를 이용하여 아래와 같이 묻는 연습을 해 보세요.

中村さんは＿＿＿＿＿＿ですか。

はい、そうです。

> 보기
>
> がくせい　　せんせい　　かいしゃいん
> いしゃ　　ピアニスト

① 中村さんは＿＿＿＿＿＿＿＿ですか。

② 中村さんは＿＿＿＿＿＿＿＿ですか。

③ 中村さんは＿＿＿＿＿＿＿＿ですか。

④ 中村さんは＿＿＿＿＿＿＿＿ですか。

⑤ 中村さんは＿＿＿＿＿＿＿＿ですか。

 아래 문장을 읽고 의미를 생각하면서 써 보세요.

李　：中村先生、おはようございます。

＿＿＿＿＿＿＿＿＿＿＿＿＿＿＿＿。

中村　：あ、イさん、おはよう。イさん、林さんです。

＿＿＿＿＿＿＿＿＿＿＿＿＿＿＿＿。

林　　　：はじめまして。林です。どうぞ　よろしく。

_____。

李　　　：はじめまして。イです。どうぞ　よろしく　おねがいします。

_____。

林　　　：イさんは　学生《がくせい》ですか。

_____。

李　　　：はい、そうです。林さんは。

_____。

林　　　：私《わたし》は　会社員《かいしゃいん》です。

_____。

입력 강의

 1. 일본어 입력연습

히라가나 연습

あご	あんこ	あさひ	あっさり	あんま
いざかや	いっぱい	うどん	うわぎ	えんか
おおさか	おでん	おやぶん	かばん	きもの
げた	こぶん	こんぶ	こぼう	さくら
さしみ	ざる	しまい	ざぶとん	さら
さんぽ	した	しょうぶ	しんかんせん	すじ

すもう	そうだん	そでなし	そば	たくあん
たこやき	たばこ	たまねぎ	たらい	ちゃんぽん
ちょっと	つきだし	つめきり	てんぷら	とうきょう
とり	とんかつ	ばかやろう	はやし	ひろしま
ふかし	ふじさん	ふろく	べんとう	ながれ
なら	なわばり	まんじゅう	まんたん	みかん
むてっぽう	もち	やま	ようじ	よこはま
ようかん	らめん	わりばし	わいろ	おげんきですか

가타카나 연습

アイスクリーム	アイドル	アメリカ	アニメーション
イメージ	イベント	インテリ	ウール
ウーマン	エアコン	エスカレーター	オイル
オーナー	カーテン	カッター	キッチン
キス	ギター	キャンペーン	キュリー夫人
グループ	ケーブル	ゲーム	コーヒー
ゴールド	スキー	センス	ズボン
シャツ	ショック	ジュース	タクシー
チキン	テレビ	トイレ	ダンス
チョコレート	ネクタイ	ナイフ	ノート
ノック	バス	バナナ	メニュー
マナー	ピアノ	ビデオ	ホテル
ユーモア	モデル	ベット	ミルク
メモ	ラーメン	ラジオ	ランチ
ルーム	レーザー	ロマンス	ワイン

2. _____에 자신의 이름을 가타카나로 써 넣어 보세요.

はじめまして。

_____です。

どうぞよろしく。

소개 시 습관과 성(姓)의 유래

일본인들은 처음 만나 자기를 소개할 때 명함을 건네며 허리를 굽혀 정중하게 인사하는 것이 일반적이며 보통 성만을 말합니다.

일본인의 이름은 한국어와 마찬가지로 앞부분이 성이고 뒷부분이 이름입니다.

일본인의 성은 모두 30만 가까이나 된다고 하는데 한국이 약 250, 중국이 약 500, 또 유럽 전체를 합쳐도 약 5만인데 비하면 일본인의 성이 얼마나 많은지 알 수 있습니다.

일본인의 성 중 가장 많은 것으로 鈴木(すずき), 佐藤(さとう), 高橋(たかはし), 田中(たなか), 渡辺(わたなべ) 등이 있습니다. 이 중 가장 많은 鈴木와 佐藤도 각각 약 200만 명으로 전체의 2% 이하입니다. 또 교과서에 자주 등장하는 山田(やまだ)는 12위로 약 50만명밖에 안됩니다.

이 밖에 일본인들 스스로도 상상을 초월한 성도 많은데, 예를 들면 "四月一日"는 봄이 되면 이불보를 새로 갈기 때문에 "わたぬき"라고 읽고 "小鳥遊"는 매(たか)가 없기 때문서 작은 새가 놀 수 있기 때문에 "たか(매)＋なし(없음)"라고 합니다.

한 글자의 성으로는 "林", "森", "谷", "東" 등이 있으며, 그 밖에 "山", "川", "上", "下", "新", "古", "休", "一", "出", "入" 등의 드문 성도 셀 수 없을 정도로 많이 있습니다.

메이지유신 이후 신분제도의 평등으로 인해 그때까지 성이 없던 평민들이 급히 자기가 살고 있는 곳에서 성을 따게 되어, 밭 가운데 살고 있다 해서 다나카(田中), 강 상류에서 살고 있다 하여 가와카미(川上)라고 지은 경우도 있습니다.

처음 소개 시 일본인은 보통 출신을 묻는 경우도 많습니다.

Memo

第五課

これは　なんですか。

第五課

これは　なんですか。

ボア	田中さん、それは　何ですか。
田中	これですか。これは　お酒です。
ボア	何の　お酒ですか。
田中	日本酒です。
ボア	誰のお酒ですか。
田中	私のです。
ボア	あれも　お酒ですか。
田中	どれですか。あ、あれは　お酒ではありません。お茶です。
ボア	あれも　日本の　お茶ですか。
田中	いいえ、韓国の　お茶です。

☐ これ	이것
☐ それ	그것
☐ 何(なん)	무엇, 무슨
☐ お酒(さけ)	술
☐ ～の	～의
☐ 日本酒(にほんしゅ)	일본술, 정종
☐ 誰(だれ)	누구
☐ (私)の	(내)것
☐ あれ	저것
☐ ～も	～도
☐ ～ではありません	～이 아닙니다
☐ どれ	어느 것
☐ お茶(ちゃ)	(마시는)차
☐ 日本(にほん)	일본
☐ いいえ	아니오, 아닙니다
☐ 韓国(かんこく)	한국

어구설명

1 何ですか 무엇입니까

「何」은 '무엇'이라는 의미의 의문사. 명사를 수식할 때는 「何の(무슨)」가 된다.

何の お酒 무슨 술

何の 本 무슨 책

2 これですか 이것 말입니까

「~ですか」는 '~입니까'라는 의문 표현인데 확인하여 묻는 경우에도 '~말입니까'란 의미로 쓰인다.

田中さん。 다나카씨!
私ですか。 저 말입니까?

3 日本酒 일본술(정종)

전통적인 일본술을 가리키는데 보통 정종을 말한다.

4 お酒・お茶 술・차

「お酒」「お茶」의 「お」는 원래 경어의 일종인 미화어(美化語)였는데 지금은 관용적으로 붙여서 「酒」「茶」보다는 주로 「お酒」「お茶」라고 한다.

 문법설명

1 これ・それ・あれ・どれ 이것・그것・저것・어느 것

물건을 가리키는 말(지시대명사)로 보통 거리감에 따라 구분해서 쓴다.

「これ」: 말하는 사람한테 가까이 있다고 생각되는 경우 사용.
「それ」: 듣는 사람한테 가까이 있다고 생각되는 경우 사용.
「あれ」: 말하는 사람과 듣는 사람 모두에게 멀리 있는 것을 가리킬 때 사용.
「どれ」: 여러 개 중 어느 것인지를 물을 경우에 사용.

2 ～の ～의

명사와 명사를 이어주는 조사로 우리말에서는 생략하는 경우가 많은데 일본어의 경우 반드시 쓴다.

日本の　お酒　일본 술
韓国の　お茶　한국 차
何の　お酒　무슨 술

3 私のです　내 것입니다

조사 「～の」에는 '～의'란 의미의 소유를 나타내는 용법도 있지만 '～것(～산)'이라는 의미를 나타내는 명사에 준하는 용법도 있다.

きものは　日本のです。　기모노는 일본 것입니다.
ワインは　フランスのです。　와인은 프랑스산입니다.

4 ～ではありません　～이 아닙니다

「～ではありません」은 「～です」의 부정형으로 '～이 아닙니다'란 의미로 쓰인다. 여기에서도 「～では」의 「は」가 [wa]로 발음되는 것에 주의.

林さんは　学生ではありません。　하야시씨는 학생이 아닙니다.
イさんは　会社員ではありません。　이00씨는 회사원이 아닙니다.

단어연습

1. 다음 단어의 뜻이 다르게 짝지어진 것은?

① だれ　　누구
② おさけ　　술
③ どれ　　그것
④ いいえ　　아니오

2. 다음의 한자 중 히라가나 표기가 맞게 된 것은?

① 韓国　　がんこく
② 日本酒　　にほんさけ
③ 茶　　おちゃ
④ 何　　なん

3. 다음 내용을 읽고 대답으로 맞는 것을 고르시오.

보기
- 田中さん、それは　何ですか。
- お酒です。
- 誰のお酒ですか。
- _____

① 韓国です。
② 私です。
③ 私のです。
④ ごれです。

 1. 다음 음성을 잘 듣고 _____에 알맞은 단어를 넣으시오.

┌─보기─────────────────────────────────────┐
│　　　　わたし　　にほん　　これは　　にほんしゅ　　かんこく　　│
└──┘

田中さん、それは　何ですか。

－これですか。　_____　お酒です。

何の　お酒ですか。

－_____です。

誰のお酒ですか。

－_____のです。

あれも　_____の　お茶ですか。

－いいえ、_____の　お茶です。

┌─보기─
│　何の　いいえ　の　ではありません　誰の　も　これは
└

A:　それは　何_{なん}ですか。

B:　(　　　　　)　お酒_{さけ}です。

A:　(　　　　　)　お酒_{さけ}ですか。

B:　日本酒_{にほんしゅ}です。

A:　(　　　　　)お酒_{さけ}ですか。

B:　私_{わたし}のです。

A:　あれも　お酒_{さけ}ですか。

B:　どれですか。あ、あれは　お酒_{さけ}(　　　　　　　　　)。お茶_{ちゃ}です。

A:　あれ(　　)　日本_{にほん}の　お茶_{ちゃ}ですか。

B:　(　　　　　)、韓国の　お茶_{ちゃ}です。

1. 보기의 단어를 이용하여 다음과 같이 문장을 완성하시오.

これ それ あれ	は	何ですか。

❶ _____ 。 ❷ _____ 。

❸ _____ 。

 2. 보기의 단어를 이용하여 다음과 같이 문장을 완성하시오.

これ それ あれ	は	さくら おでん テレビ おさけ おちゃ	です。

❶ _____ 。 ❷ _____ 。

❸ _____ 。 ❹ _____ 。

❺ _____ 。 ❻ _____ 。

7 _____ 。 **8** _____ 。

9 _____ 。 **10** _____ 。

11 _____ 。 **12** _____ 。

3. 다음 단어를 이용하여 아래와 같이 묻는 연습을 해 보세요.

```
┌ 보기 ─────────────────────────────────┐
│                                                       │
│      これは 何(なん)の お酒(さけ)ですか。                 │
│                                                       │
└───────────────────────────────────────┘
```

これ			お茶	
それ	は	何の	カメラ	ですか。
あれ			ビデオ	

1 _____ 。 **2** _____ 。

3 _____ 。 **4** _____ 。

5 _____ 。 **6** _____ 。

4. 다음 단어를 이용하여 예문과 같이 묻고 대답해 보세요.

```
┌ 보기 ─────────────────────────────────┐
│                                                       │
│      誰(だれ)のお酒(さけ)ですか。                         │
│      私(わたし)のお酒(さけ)です。                         │
│      私(わたし)のです。                                  │
│                                                       │
└───────────────────────────────────────┘
```

① 田中さんの　うわぎ

_____。

_____。

② イさんの　おべんとう

_____。

_____。

③ 林さんの　ノート

_____。

_____。

④ 先生の　おさけ
せんせい

_____。

_____。

⑤ 私の　おちゃ

_____。

_____。

5. 다음 예문과 같이 묻는 말에 대답해 보세요.

┌─ 보기 ─────────────────────────────┐
│
│　　これは　お酒ですか。
│　　　　　　さけ
│　　いいえ、それは　お酒ではありません。
│　　　　　　　　　　さけ
│
└────────────────────────────────┘

① これは　お茶ですか。

いいえ、_____。

2 それは　ピアノですか。

いいえ、＿＿＿＿＿＿＿＿＿＿＿＿＿＿＿＿＿。

3 あれは　ジュースですか。

いいえ、＿＿＿＿＿＿＿＿＿＿＿＿＿＿＿＿＿。

4 それは　かばんですか。

いいえ、＿＿＿＿＿＿＿＿＿＿＿＿＿＿＿＿＿。

5 これは　きものですか。

いいえ、＿＿＿＿＿＿＿＿＿＿＿＿＿＿＿＿＿。

 6. 다음 그림의 단어를 이용하여 문장을 완성해 보세요.

朴OO

┌ 보기 ─────────────────────────────┐

これは　だれの　カメラですか。

それは　パクさんの　カメラです。

それは　パクさんのです。

└─────────────────────────────────┘

1 　李OO　　　　イさんの　おべんとう

＿＿＿＿＿＿＿＿＿＿＿＿＿＿＿＿＿＿＿＿＿＿＿。

＿＿＿＿＿＿＿＿＿＿＿＿＿＿＿＿＿＿＿＿＿＿＿。

＿＿＿＿＿＿＿＿＿＿＿＿＿＿＿＿＿＿＿＿＿＿＿。

② 田中 さんの わりばし

_____。

_____。

_____。

③ スミス スミスさんの かばん

_____。

_____。

_____。

④ 中村 中村さんの たばこ

_____。

_____。

_____。

7. 보기의 단어를 이용하여 다음 문장을 일본어로 바꾸시오.

┌─ 보기 ─────────────────────────────────┐
これ　わりばし　は　たくあん　さしみ　です　あれ
うどん　　さくら　サラダ　それ　ではありません
└──┘

① _____。　　이것은 나무젓가락입니다.

② _____。　　그것은 단무지가 아닙니다.

③ _____。　　저것은 생선회가 아닙니다.

④ _____。　　그것은 우동입니다.

⑤ _____。　　이것은 벚꽃이 아닙니다.

⑥ _____。　　그것은 샐러드가 아닙니다.

8. 다음 그림을 보고 빈칸을 채우세요.

┌─ 보기 ───┐
│   │
│   これ おちゃ は オレンジジュース みかん です   │
│   あれ うどん おさけ アイスクリーム ではありません   │
│   │
└──┘

1

これは　何ですか。

それは＿＿＿＿＿＿＿＿＿＿＿＿＿＿です。

2

これは　何ですか。

それは＿＿＿＿＿＿＿＿＿＿＿＿＿＿です。

3

これは　何ですか。

それは＿＿＿＿＿＿＿＿＿＿＿＿＿＿です。

 쓰기연습

 아래 문장을 읽고 의미를 생각하면서 써보세요.

田中(たなか)さん、それは　何(なん)ですか。

＿＿＿＿＿＿＿＿＿＿＿＿＿＿＿＿＿＿＿＿＿＿＿＿＿。

これですか。これは　お酒(さけ)です。

_____○

何(なん)の　お酒(さけ)ですか。

_____○

日本酒(にほんしゅ)です。

_____○

誰(だれ)のお酒(さけ)ですか。

_____○

私(わたし)のです。

_____○

あれも　お酒(さけ)ですか。

_____○

どれですか。あ、あれは　お酒(さけ)ではありません。お茶(ちゃ)です。

_____○

あれも　日本(にほん)の　お茶(ちゃ)ですか。

_____○

いいえ、韓国(かんこく)の　お茶(ちゃ)です。

_____○

私はうなぎです。(나는 장어입니다.)

'은/는~입니다'에 해당하는 '~は~です'에서 '~です'는 기본적으로 '~입니다'의 의미이지만 이밖에도 아주 다양한 의미로 사용되고 있습니다.

외국인이 일본 식당에 와서 가장 놀라는 것 중 하나가 'ぼくはうなぎです'란 말을 들었을 때입니다. 'ぼくはうなぎです'는 말 그대로 해석하면 '저는 장어입니다' 라는 뜻이 됩니다. 그러므로 사람이 장어가 되어 버리는 격입니다. 그러니 옆에서 갑자기 일본사람이 'ぼくはうなぎです'라고 하면 'i am an eel.'로 오해한 서양인이 놀랄 수밖에.

그러나 'ぼくはうなぎです.'란 말은 'ぼくはうなぎを食べます(저는 장어를 먹겠습니다. /장어로 하겠습니다.).'의 의미로 쓰인 것입니다.

이밖에도 'です'는 '学校ですか。(학교에 가십니까?)' '雨です(비가 옵니다)' '父は今会社です。(아버지는 회사에 가셔서 지금 안계십니다)' 'キムチは韓国です。(김치는 한국이 맛있습니다)' 'ぼくですか。(저 말입니까?)' 등 다양한 용법으로 일상생활에서 자주 사용되고 있습니다.

第六課

ほんや
本屋は　あそこです。

第六課

本屋は　あそこです。
（ほんや）

森田　すみません。本屋は　どこですか。
（もりた）　　　　　（ほんや）

金　　本屋は　あそこです。
（キム）　（ほんや）

森田　本屋は　何時から　何時までですか。
（もりた）（ほんや）（なんじ）　　（なんじ）

金　　午前　9時から　午後　5時までです。
（キム）（ごぜん）（くじ）　　（ごご）（ごじ）

森田　ありがとうございます。金さんの　電話番号は　何番ですか。
（もりた）　　　　　　　　（キム）　（でんわばんごう）（なんばん）

金　　010の　9876の　4523です。
（キム）（ぜろいちぜろ）（きゅうはちななろく）（よんごにさん）

　　　後で　お電話ください。
　　（あと）　（でんわ）

森田　はい。じゃ　また。
（もりた）

☐	あそこ	저기
☐	どこ	어디
☐	すみません	저, 미안합니다
☐	本屋(ほんや)	서점
☐	～番	～번
☐	何番(なんばん)	몇 번
☐	～時(じ)	시, 시간
☐	何時(なんじ)	몇 시
☐	～から	～부터
☐	～まで	～까지
☐	午前(ごぜん)	오전
☐	午後(ごご)	오후
☐	ありがとうございます	감사합니다
☐	電話番号(でんわばんごう)	전화번호
☐	後(あと)	뒤, 나중
☐	あとで	나중에
☐	ください	주세요
☐	じゃ	그럼
☐	また	또
☐	じゃ　また	그럼 또 뵙겠습니다.

1 **すみません 실례합니다, 미안합니다**

「すみません」은 원래 '미안합니다'란 뜻인데 모르는 사람에게 말을 걸어 묻거나 부탁할 때 '실례합니다'나 '저…'란 의미로도 쓰인다.

2 **本屋 서점**

명사 뒤에 「屋」가 붙으면 '~가게'나 '~장사'란 뜻으로 쓰인다. 이밖에도 「パン屋(빵집)」「ラーメン屋(라면집)」「薬屋(약국)」「花屋(꽃집)」 등이 있다.

3 **ありがとうございます 감사합니다**

동년배나 손아래 사람에게는 「ありがとう(고마워)」라고 한다.

4 **電話番号 전화번호**

전화번호를 말할 때는 숫자 하나 하나씩 말하는 것이 일반적이다. 국번 사이는 「の」로 연결한다.

02-3411-6789 ぜろに の さんよんいちいち の ろくななはちきゅう

5 **～ください ～주세요**

「명사(を)+ください」의 형태로 '~(를) 주세요'란 의미로 많이 쓰인다.

ジュース(を) ください。 주스(를) 주세요.
うどん(を) ください。 우동(을) 주세요.

6 じゃ また 그럼 또…

「じゃ」는「では」의 준말로 회화체에서 편하게 쓰는 말.「また」는 '또'란 뜻.
「じゃ、また」는 '그럼 또 봅시다'란 뜻으로 헤어질 때 하는 인사말이다.

 문법설명

1 ここ・そこ・あそこ 여기・거기・저기

「ここ・そこ・あそこ」는 장소를 가리키는 지시대명사. 말하는 사람과의 위
치관계와 대답방법은「これ・それ・あれ」와 마찬가지이다. 위치를 물을 때
는「どこ(어디)」라고 한다.

ロッテホテルは　どこですか。롯데호텔은 어디입니까?
ここは　何ですか。여기는 뭡니까?
そこは　デパートです。거기는 백화점입니다.

2 ～から ～まで ～부터 ～까지

「～から～まで」는 시간, 거리 등의 범위를 나타낸다.

ソウルから　東京^{とうきょう}まで　おねがいします。서울부터 동경까지 부탁합니다.
レポートは　3ページから　6ページまでです。
레포트는 3페이지부터 6페이지까지입니다.

1. 다음 중 단어의 뜻이 올바른 것을 고르시오.

① どこ 저기
② すみません 실례합니다
③ ～まで ～부터
④ また 아직

2. 한자의 음이 틀린 것을 고르시오.

① 電話 でんわ
② 後 あと
③ 本屋 ほんや
④ 番号 ばんご

3. 음성을 듣고 맞는 단어를 고르시오.

① ごご
② ごこ
③ こご
④ ここ

4. 다음 숫자를 일본어로 쓰시오.

❶ 1 ＿＿＿＿＿＿＿。
❷ 3 ＿＿＿＿＿＿＿。
❸ 4 ＿＿＿＿＿＿＿。
❹ 6 ＿＿＿＿＿＿＿。
❺ 8 ＿＿＿＿＿＿＿。
❻ 9 ＿＿＿＿＿＿＿。
❼ 20 ＿＿＿＿＿＿＿。

5. 다음 중 시간을 틀리게 읽은 것을 전부 고르시오.

① 七時(ななじ)　　　　② 四時(よじ)

③ 九時(きゅうじ)　　　④ 二時(にじ)

⑤ 五時(ごじ)

6. 추가로 단어를 익혀 봅시다.

<장소를 나타내는 명사>

```
┌─ 보기 ──────────────────────────────────┐
│                                          │
│     ここは　としょかんです。    │
│                                          │
└──────────────────────────────────────────┘
```

としょかん(図書館) 도서관	えき(駅) 역
がっこう(学校) 학교	ぎんこう(銀行) 은행
しょくどう(食堂) 식당	びょういん(病院) 병원
ゆうびんきょく(郵便局) 우체국	コーヒショップ 커피숍
スーパー 슈퍼, スーパーマーケット(슈퍼마켓)의 준말	
デパート 백화점	トイレ 화장실, トイレット의 준말
ビル 빌딩, ビルディング의 준말	ホテル 호텔
レストラン 레스토랑	ロビー 로비

<숫자 익히기>

주변사람의 전화번호를 알아봅시다.

電話番号は　なんばんですか。

0(ゼロ・れい・まる)	1(いち)	2(に)	3(さん)	4(し・よん)
5(ご)	6(ろく)	7(しち・なな)	8(はち)	9(きゅう・く)

<시간 익히기>

세계 각 도시의 지금 시각을 말해 보세요.

なんじですか(몇시입니까)。

〜時(〜じ)	
一時(いちじ)	二時(にじ)
三時(さんじ)	四時(よじ)
五時(ごじ)	六時(ろくじ)
七時(しちじ)	八時(はちじ)
九時(くじ)	十時(じゅうじ)
十一時(じゅういちじ)	十二時(じゅうにじ)

1. 다음 물음에 대한 답으로 맞는 표현을 고르시오.

┌─ 보기 ──────────────────────────────────┐
　　　　　　本屋<ruby>ほんや</ruby>は　どこですか。
└───────────────────────────────────────┘

① わたしです。　　　　　　　② じゃ、また。

③ あそこです。　　　　　　　④ ありがとうございます。

2. 회화가 성립하도록 괄호 안을 채우시오.

┌─ 보기 ──────────────────────────────────┐
　　　　　じゃ　すぐ　の　まで　は　うしろ
└───────────────────────────────────────┘

❶ A：何時<ruby>なんじ</ruby>(　　　　)ですか。

　 B：午後<ruby>ごご</ruby>　5時<ruby>ごじ</ruby>(　　　　)です。

❷ A：金<ruby>キム</ruby>さんの　電話番号<ruby>でんわばんごう</ruby>は　何番<ruby>なんばん</ruby>ですか。

　 B：010(　　　)<ruby>ぜろいちぜろ</ruby>　9876(　　　)<ruby>きゅうはちななろく</ruby>　4523<ruby>よんごにさん</ruby>です。

❸ A：後<ruby>あと</ruby>で　お電話<ruby>でんわ</ruby>ください。

　 B：はい。(　　　)　また。

3. 다음 중 틀린 것이 없는 표현을 고르시오.

① すみません。本屋は　どこですか。

② 電話番号は　何時からですか。

③ 後で　を電話ください。

1. 장소를 나타내는 표현입니다. 주어진 단어를 골라 문형에 맞게 써 보세요.

| しょくどう |
| トイレ |
| ぎんこう |
| デパート |
| ゆうびんきょく |
| びょういん |
| スーパー |
| ホテル |

は　　どこですか。

1 _____。　**2** _____。

3 _____。　**4** _____。

5 _____。　**6** _____。

7 _____。　**8** _____。

9 _____。

2. 보기의 단어를 이용하여 문장을 만들어 보세요.

| ここ
そこ
あそこ | は | としょかん
しょくどう
レストラン
びょういん
デパート
ゆうびんきょく | です。 |

1 _____。 **2** _____。

3 _____。 **4** _____。

5 _____。 **6** _____。

7 _____。 **8** _____。

9 _____。 **10** _____。

11 _____。 **12** _____。

13 _____。 **14** _____。

15 _____。 **16** _____。

17 _____。 **18** _____。

3. 다음 예문과 같이 괄호 안의 단어를 이용하여 물음에 답하시오.

> ┌─ 보기 ─────────────────────────────────────┐
> 本屋は 何時から 何時までですか。
> 午前 9時から 午後 5時までです。
> └──┘

① 食堂は 何時から 何時までですか。(午前 11時 午後 6時)

_____。

② 病院は 何時から 何時までですか。(午前 10時 午後 7時)

_____。

③ 郵便局は 何時から 何時までですか。(午前 9時 午後 5時)

_____。

④ デパートは 何時から 何時までですか。(午前 10時 午後 8時)

_____。

⑤ 銀行は 何時から 何時までですか。(午前 9時 午後 4時)

_____。

4. 그림을 보며 예문과 같이 말해 보세요.

┌─ 보기 ────────────────────────────────────┐

すみません、お電話ください。

└──┘

1 _____。

2 _____。

3 _____。

4 _____。

5 _____。

 1. 아래의 단어들을 써 보세요.

あそこ　저기 _____。

どこ　어디 _____。

すみません　저, 미안합니다 _____。

本屋(ほんや)　서점 _____。

～番　～번 _____。

何番(なんばん)　몇 번 _____。

～時(じ)　시, 시간 _____。

何時(なんじ)　몇 시 _____。

～から　～부터 _____。

～まで　～까지 _____。

午前(ごぜん)　오전 _____。

午後(ごご)　오후 _____。

ありがとうございます　감사합니다 _____。

電話番号(でんわばんごう)　전화번호 _____。

すみません。本屋は　どこですか。

_____。

本屋は　あそこです。

_____。

本屋は　何時から　何時までですか。

_____。

午前　9時から　午後　5時までです。

_____。

ありがとうございます。金さんの　電話番号は　何番ですか。

_____。

０１０の　９８７６の　４５２３です。後で　お電話ください。

_____。

はい。じゃ　また。

_____。

ふるほんや(古本屋 ; 헌책방)

일본 사람은 한국 사람에 비해 책을 가까이 하는 편입니다. 그래서 도처에서 책을 읽는데 여념이 없는 사람들이 눈에 많이 띕니다. 지하철이나 서점, 심지어는 식당에 가도 웬만한 데는 다 책이 비치되어 있어 식사를 하면서도 책에 빠져 있는 사람을 많이 볼 수 있습니다.

그래서인지 일본에는 옛날부터 헌책방도 많습니다. 헌책방에서 책을 팔고 사는 것이 일상화 되어 있을 정도입니다.

도쿄의 간다(神田)는 헌책방으로 가장 유명한 곳입니다. 백 군데 이상의 헌책방 가게가 빽빽하게 모여 있으며 역사, 언어, 미술 등 전문서적을 취급하고 있는 가게도 많습니다. 또한 일반 헌책방에서도 분야별로 진열되어 있는 경우가 많아 찾고자 하는 책을 쉽게 찾아 볼 수 있게 되어 있습니다.

책값은 대체로 책 맨 뒤에 연필로 쓰여 있거나 가격을 쓴 종이가 붙어 있습니다. 경우에 따라서는 값을 깎아 주기도 합니다. 절판된 책은 출판 시 가격보다 몇 배 이상 비싼 것도 많습니다.

예전에는 헌책방이라고 하면 일반 서점에서는 구하기 힘든 절판, 혹은 품절된 책을 찾거나 낡고 더러워진 책을 싸게 살 수 있는 곳이라는 이미지였습니다. 그러나 최근에는 출판된 지 얼마 안 된 깨끗한 새 책을 할인하여 팔기 때문에 "새로운 헌책"을 주로 판매하는 대형 체인점도 생겨났을 정도입니다. 그 때문에 새로 출판된 책을 바로 사지 않고 시간이 좀 지난 후에 헌책방에 들어오게 된 후에 사는 사람도 늘어나는 추세입니다. 반대로 출판된 지 얼마 안 된 책이라면 좋은 값에 팔 수 있기 때문에 바로 사서 바로 읽고 바로 파는 사람도 있습니다. 또 최근 헌책방에서는 책뿐만 아니라 중고 CD나 비디오 등도 함께 파는 경우가 많아 잘만 이용하면 아주 경제적입니다.

たんじょう日は　いつですか。

第七課

たんじょう日は　いつですか。

田中　　来週　ロッテホテルで　たんじょう日の　パーティーが　あります。

李　　　誰の　たんじょう日ですか。

田中　　中村さんの　たんじょう日です。

李　　　いつですか。

田中　　4月　13日です。

李　　　来週の　土曜日ですね。

田中　　はい。そうです。

李　　　ロッテホテルは　どこですか。

田中　　明洞です。

☐	たんじょう日(び)	생일
☐	いつ	언제
☐	ロッテホテル	롯데 호텔
☐	あります/ありますか	있습니다/있습니까
☐	～に	～에
☐	～で	～에서
☐	パーティー	파티
☐	～が	～이/가
☐	～月(がつ)	～월
☐	～日(にち)	～일
☐	13日(じゅうさんにち)	13일
☐	来週(らいしゅう)	다음 주
☐	土曜日(どようび)	토요일
☐	～ね	～군요, ～네요
☐	そうです	그렇습니다

어구설명

1 　らいしゅう
来週 다음주(에)

시간을 나타내는 명사 중에는 조사 「～に(～에)」를 붙이지 않는 경우가 있다.

らいしゅう　にほん
来週　日本で　セミナーが　あります。 다음 주에 일본에서 세미나가 있습니다.

あした
明日　デートが　あります。 내일 데이트가 있습니다.

의문사

일본어에는 「いつ(언제)」「どこ(어디)」「だれ(누구)」「なに(무엇)」「いくら(얼마)」등 시간, 장소, 사람, 물건, 가격 등을 물을 때 사용하는 의문사들이 있는데 보통 의문조사 「～か」와 함께 쓰이며 의문부호(?)는 사용하지 않는 것이 일반적이다.

田中さんの　たんじょう日は　いつですか。다나카씨의 생일은 언제입니까?

トイレは　どこですか。화장실은 어디입니까?

日本語の　先生は　だれですか。일본어 선생님은 누구입니까?

あれは　何ですか。저것은 무엇입니까?

チーズケーキは　いくらですか。치즈 케이크는 얼마입니까?

 문법설명

1 　～で/～に　～에서/～에

「～で」와 「～に」는 모두 장소에 쓰는 조사인데 「～で」는 동작이 이루어지는 장소를 나타내고 「～に」는 존재를 나타내는 차이점이 있다. 한국어로 바꾸어 보면 「～で」가 '～에서(이루어진다)', 「～に」가 '～에(있다)'로 의미 차이가 더 명확해진다.

ロッテホテルは　どこに　ありますか。롯데호텔은 어디에 있습니까?

パーティーは　ホテルで　あります。파티는 호텔에서 있습니다(합니다).

2 　～が　あります　～이(가) 있습니다

「～が」는 '～이(가)'란 의미의 주격조사. 「あります」는 '있습니다'란 뜻으로 사물이나 식물의 존재를 나타내는데 쓰인다.

ビールが あります。맥주가 있습니다.

デパートは 明洞に あります。백화점은 명동에 있습니다.

3 ~ね ~군요(~네요)

문장 맨 뒤에 붙여 가벼운 영탄이나 동의를 나타내며 보통 '~군요(네요)'로
해석된다.

来週の 土曜日ですね。다음 주 토요일이군요.

あれも 日本の お酒ですね。저것도 일본 술이네요.

1. 다음 문장의 밑줄 친 단어의 한자 표기로 맞는 것은?

<u>らいしゅう</u> パーティーが あります。

① 徠週   ② 来周

③ 来週   ④ 徠周

2. 조사「に」가 잘못 쓰인 문장은?

① パーティーは ホテルに あります。

② 来週の 土曜日に あります。

③ ロッテホテルは どこに ありますか。

④ 本屋の 隣に あります。

3. 다음 밑줄 친 단어의 가타카나 표기가 올바른 것은?

ロッテ<u>department store</u>の 隣_{となり}に あります。

① ディパート   ② デパート

③ デーパート   ④ デパト

4. 다음 달(月)의 히라가나 표기가 잘못 된 것은?

① 一月　いちがつ   ② 四月　よんがつ

③ 六月　ろくがつ   ④ 九月　くがつ

⑤ 十二月　じゅうにがつ

<월>

一月(いちがつ)	二月(にがつ)	三月(さんがつ)
四月(しがつ)	五月(ごがつ)	六月(ろくがつ)
七月(しちがつ)	八月(はちがつ)	九月(くがつ)
十月(じゅうがつ)	十一月(じゅういちがつ)	十二月(じゅうにがつ)

5. 추가로 단어를 익혀 봅시다.

<요일>

月曜日(げつようび)	火曜日(かようび)	水曜日(すいようび)
木曜日(もくようび)	金曜日(きんようび)	土曜日(どようび)
日曜日(にちようび)		

なんようびですか。

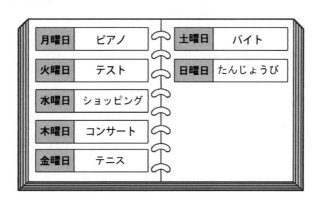

① たんじょうびは 何曜日ですか。 ＿＿＿＿＿＿＿＿＿＿＿＿ です。

② テストは 何曜日ですか。 ＿＿＿＿＿＿＿＿＿＿＿＿ です。

③ コンサートは 何曜日ですか。 ＿＿＿＿＿＿＿＿＿＿＿＿ です。

④ テニスは 何曜日ですか。 ＿＿＿＿＿＿＿＿＿＿＿＿ です。

⑤ ショッピングは 何曜日ですか。 ＿＿＿＿＿＿＿＿＿＿＿＿ です。

⑥ バイトは 何曜日ですか。 ＿＿＿＿＿＿＿＿＿＿＿＿ です。

⑦ ピアノは 何曜日ですか。 ＿＿＿＿＿＿＿＿＿＿＿＿ です。

본문연습

1. 다음 문장의 밑줄 친 부분 중 잘못 된 곳은?

① 来週に ② テホテルで ③ 中村さんの ④ たんじょう日
⑤ パーティーが ⑥ あります。

① 田中さんの　たんじょう日は　4月　13日です。

② 来週の　土曜日は　4月　13日です。

③ 中村さんの　たんじょう日の　パーティーは　ロッテデパートで　あります。

④ 4月　14日は　田中さんの　たんじょうびです。

문형연습

1. 다음에 주어진 단어들을 이용하여 문형을 만들어 보세요.

| たんじょうび
テスト
バイト
バレンタインデー
クリスマス | は　来週の | 土曜日
月曜日
木曜日
金曜日
日曜日 | です。 |

1 _____。　　2 _____。

3 _____。　　4 _____。

5 _____。　　6 _____。

7 _____。　　8 _____。

9 _____。　　10 _____。

2. 다음에 주어진 단어들을 이용하여 문형을 만들어 보세요.

たんじょうび テスト バイト バレンタインデー クリスマス	は	いつですか。

❶ _____ 。　**❷** _____ 。

❸ _____ 。　**❹** _____ 。

❺ _____ 。

쓰기연습

1. 아래의 단어들을 써 보세요.

たんじょう日(び)　생일　　_____ 。

いつ　언제　　_____ 。

ロッテホテル　롯데 호텔　　_____ 。

あります/ありますか　있습니다/있습니까

_____ 。

デパート　백화점　　_____ 。

~に ~에 _____。

~で ~에서 _____。

パーティー 파티 _____。

~が ~이/가 _____。

~月(がつ) ~월 _____。

~日(にち) ~일 _____。

13日(じゅうさんにち) 13일 _____。

来週(らいしゅう) 다음 주 _____。

土曜日(どようび) 토요일 _____。

~ね ~군요, ~네요 _____。

そうです 그렇습니다 _____。

 2. 아래 문장을 읽고 의미를 생각하면서 써 보세요.

田中(たなか)：来週(らいしゅう) ロッテホテルで たんじょう日(び)の パーティーが あります。

_____。

李(イ) ：誰(だれ)の たんじょう日(び)ですか。

_____。

田中(たなか)：中村(なかむら)さんの たんじょう日(び)です。

_____。

李(イ) ：いつですか。

_____。

田中：4月　13日です。

_____。

李　：来週の　土曜日ですね。

_____。

田中：はい。そうです。

_____。

ロッテホテルは　どこですか。

_____。

李　：明洞です。

_____。

カラオケ(노래방)

한국의 노래방이 일본의 가라오케에서 들어온 것은 누구나 다 아는 사실일 겁니다.

일본 가라오케의 어원은 '空(から)のオケ ; 빈 오케스트라'입니다. 어떤 피아니스트가 피아노 협주곡 연습 시 일일이 오케스트라에게 반주를 부탁하기가 힘들어 오케스트라의 반주를 녹음해서 그것으로 연습을 했는데 거기에서 힌트를 얻어 가라오케가 생겼다고 합니다.

일본사람도 한국사람 못지않게 가라오케에 많이 갑니다. 대개 2차가 끝나고 많이 가며 실내 분위기도 크게 차이가 없습니다. 다만 일본이 한국보다 물가가 비싸기 때문에 가라오케도 그럴 것이라고 생각하기 쉽지만 가라오케는 일본이 더 쌉니다. 어떤 가라오케는 한시간당 180엔에 음료수도 포함되어 있습니다. 그러나 이것은 한시간 1인당의 가격이므로 이런 가라오케는 적은 수의 사람끼리 가는 것이 좋습니다. 주로 낮에 싸게 해주는 가라오케가 늘어나고 있는데 낮에는 가라오케를 이용하는 손님들이 적기 때문에 손님을 한사람이라도 더 끌기 위해서 이러한 서비스를 제공하는 것 같습니다. 물론 방 하나에 얼마 식의 가라오케도 많지만 그것도 낮에는 대체로 500엔 정도입니다. 최근에는 한국 붐으로 한국노래도 많이 들어와 있습니다.

ワイシャツは　いくらですか。

第八課

ワイシャツは　いくらですか。

＜デパートの　中＞

田中　　ワイシャツは　どこに　ありますか。

店員　　ここに　あります。

田中　　いくらですか。

店員　　一枚　五千円です。

田中　　ネクタイも　ありますか。

店員　　はい、ワイシャツの　そばに　あります。

田中　　ネクタイは　いくらですか。

店員　　ネクタイも　五千円です。

田中　　では、これと　これを　ください。

店員　　はい、かしこまりました。

10,000円

☐ ワイシャツ   와이셔츠
☐ ネクタイ   넥타이
☐ そば   옆
☐ いくら   얼마
☐ ～枚(まい)   ～장
☐ 一枚(いちまい)   한 장
☐ では   그럼
☐ かしこまりました   알겠습니다

<위치 명사>

うえ(上):위   した(下):아래   なか(中):안   まえ(前):앞   うしろ(後ろ):뒤

そば(側):옆, 근처

1 ～えん(円) ～엔

일본의 화폐 단위. 「1円」「5円」「10円」「50円」「100円」짜리 동전과 「1000円」「2000円」「10000円」짜리 지폐가 있다.

ラーメンは 五百円です。 라면은 500엔입니다.

サングラスは 三万円です。 선글라스는 3만엔입니다.

2 かしこまりました (잘) 알겠습니다.

동사 「かしこまる」의 「～ました」 형태로 '명령을 받들어 모시겠습니다'의 의미로 사용한다.

1 ～まい(枚) ～장

종이나 셔츠, 접시 등 얇고 평평한 것을 셀 때 쓰는 단위. 한자 숫자에 붙여 「一枚(いちまい)」「二枚(にまい)」「三枚(さんまい)」「四枚(よんまい)」등과 같이 쓰면 된다.

おさら　二枚　ください。 접시 두 개 주세요.
タオルが　四枚　あります。 수건이 네 장 있습니다.

 **단어연습**

그림을 보고 다음 질문에 답하시오.

 1. 日本語の　本は　どこに　ありますか。

┌─ 보기 ─────────────────────────────┐
│　　　うえ　　した　　なか　　まえ　　うしろ　　│
└──────────────────────────────────┘

1

　　テーブルの　＿＿＿＿＿に　あります。

2

　　テーブルの　＿＿＿＿＿に　あります。

3

　　かばんの　＿＿＿＿＿に　あります。

④

テレビの ＿＿＿＿に あります。

⑤

ざっしの ＿＿＿＿です。

2. ホテルは どこですか

┌보기────────────────────────────┐
│　　　なか　まえ　うしろ　となり　うえ　した　│
└────────────────────────────┘

①

①デパートの ＿＿＿＿です。

②

②デパートの ＿＿＿＿です。

③

③デパートの ＿＿＿＿です。

1. 다음 물음에 대한 답으로 틀린 것은?

① ワイシャツは　どこに　ありますか。

　ここに　あります。

② ネクタイも　ありますか。

　はい、ここに　あります。

③ いくらですか。

　三枚です。

④ これを　ください。

　はい、かしこまりました。

2. 다음 문장 중 조사가 잘못된 것은?

① ワイシャツの　そばに　ネクタイも　あります。

② ロッテデパートが　どこで　ありますか。

③ 誰の　ネクタイですか。

④ では、これを　ください。

3. 다음 내용을 듣고 틀린 것을 고르시오.

① ワイシャツは　一枚五千円です。

② ネクタイも　あります。

③ ワイシャツの　そばに　ネクタイが　あります。

④ ネクタイは　一万円です。

 1. 다음에 주어진 단어를 이용하여 물음에 답하시오.

ロッテホテルは　どこに　ありますか。

| ロッテデパート
ぎんこう
びょういん | の | ^{となり}隣
まえ
うしろ | にあります。 |

1 _____ 。

2 _____ 。

3 _____ 。

4 _____ 。

5 _____ 。

ワイシャツは　いくらですか。

> ハンカチ
> ネクタイ
> これ
> 一枚
> お茶

いくらですか。

1 _____ 。

2 _____ 。

3 _____ 。

4 _____ 。

5 _____ 。

쓰기연습

아래 문장을 읽고 의미를 생각하면서 써 보세요.

＜デパートの　中（なか）＞

_____ 。

田中（たなか）　：ワイシャツは　どこに　ありますか。

_____ 。

店員　：ここに　あります。
_____。

田中　：いくらですか。
_____。

店員　：一枚　五千円です。
_____。

田中　：ネクタイも　ありますか。
_____。

店員　：はい、ワイシャツの　そばに　あります。
_____。

田中　：ネクタイは　いくらですか。
_____。

店員　：ネクタイも　五千円です。
_____。

田中　：では、これと　これを　ください。
_____。

店員　：はい、かしこまりました。
_____。

わりかん(割り勘 ; 더치페이)

한일 양국은 인접해 있고 같은 한자 문화권인데다 어순과 문법 등에서 비슷한 점이 많아 자칫 실수할 경우가 많습니다.

한국 사람이 일본에 와서 가장 쇼크를 받는 점이 'わりかん(割り勘 ; 더치페이)'문화입니다.

일본에서는 대부분이 더치페이를 하므로 한국인들은 조금 서운해하거나 언짢아하는 경우가 많습니다. 자신보다 나이가 많은 사람과 식사하러 갈 경우 당연히 사줄 것으로 기대하고 따라갔다간 큰 오산입니다.

음식점에서도 너무나도 당연하게 따로 계산을 해주므로 카운터 앞에 죽 늘어서서 자기차례를 기다리는 광경을 흔히 볼 수 있습니다.

애인끼리나 사제지간에도 대부분 'わりかん'입니다.

일본인들은 자신이 낼 경우, "今日は私がおごります。(오늘은 제가 내겠습니다.)"라는 식으로 미리 의사표시를 합니다. 만약 이러한 의사표시가 없을 경우에는 더치페이라고 생각하는 것이 좋습니다.

반면 한국처럼 연장자나 남성, 혹은 먼저 제안한 사람이 내야 한다는 분위기가 아니므로 연장자나 남성들은 편할지 모르며 식사하러 가자고 제안하기도 쉬울지 모릅니다.

이밖에도 한국은 먹는 인심이 후한 반면 일본은 정확합니다. 그래서 한국에서는 고기를 주문하면 상추나 김치를 비롯하여 여러 가지 반찬이 나오는데 비해 일본에서는 고기만 나옵니다. 상추나 김치를 먹고 싶으면 하나하나 주문해야 하며 물론 값도 따로 치러야만 합니다. 그러므로 다 먹고 더 달라고 하는 일이 별로 없습니다. 패스트푸드 점에서 흔히 볼 수 있는 음료수의 리필도 일본에서는 없습니다.

따라서 일본인들은 음식을 남김없이 깨끗이 먹는 습관을 어려서부터 철저히 교육받고 자랍니다.

Memo

第九課

からく
辛くありませんか。

<ruby>辛<rt>から</rt></ruby>くありませんか。

ユン　　<ruby>中村<rt>なかむら</rt></ruby>さん、こんにちは。

<ruby>中村<rt>なかむら</rt></ruby>　　あ、ユンさん、こんにちは。

ユン　　すみません、<ruby>今<rt>いま</rt></ruby>、<ruby>何時<rt>なんじ</rt></ruby>ですか。

<ruby>中村<rt>なかむら</rt></ruby>　　<ruby>12時<rt>じゅうにじ</rt></ruby>　<ruby>30分<rt>さんじゅっぷん</rt></ruby>です。

ユン　　お<ruby>昼<rt>ひる</rt></ruby>ご<ruby>飯<rt>はん</rt></ruby>は？

<ruby>中村<rt>なかむら</rt></ruby>　　まだです。

ユン　　では、一緒に　どうですか。

中村　　いいです。

ユン　　サムゲタンは　どうですか。

中村　　辛くありませんか。

ユン　　全然　辛くありません。おいしいです。

中村　　あの　店は　人が　多いですね。

ユン　　とても、おいしい店です。

中村　　高くありませんか。

ユン　　そんなに　高くありません。

中村　　冷たい　ビールも　ほしいですね。

ユン　　いいですね。

☐ 今(いま)	지금
☐ ～分(ふん)	～분
☐ お昼(ひる)ご飯(はん)	점심(밥)
☐ まだ	아직
☐ 一緒(いっしょ)に	함께
☐ どうですか	어떻습니까?
☐ いい	**좋다**, 괜찮다
☐ サムゲタン	삼계탕
☐ 辛(から)い	맵다
☐ 全然(ぜんぜん)	전혀, 전연
☐ おいしい	맛있다
☐ あの～	저～
☐ 店(みせ)	가게
☐ 人(ひと)	사람
☐ 多(おお)い	많다
☐ とても	아주, 매우
☐ そんなに	그다지, 그렇게
☐ 高(たか)い	비싸다
☐ 冷(つめた)い	차다, 차갑다
☐ ほしい	갖고 싶다, 탐나다, 필요하다

1 **こんにちは 안녕하세요**

낮에 하는 인사. 아침인사는 「おはよう(ございます)」. 저녁인사는 「こんばんは」. 「は」는 [wa]로 발음한다.

2 **お/ご ~엔**

「お」와 「ご」는 미화어(美化語). 지금은 관용적으로 붙여 쓴다. 아침(밥)은 「あさごはん(朝御飯)」, 저녁(밥)은 「ゆうごはん(夕御飯)」.

3 **どうですか 어떻습니까?**

부사 「どう(어떻게)」에 「ですか」가 붙어 '어떻습니까?'란 의미.

田中さんは どうですか。 다나카씨는 어떻습니까?
韓国は どうですか。 한국은 어떻습니까?

4 **そんなに 그다지, 그렇게**

뒤에 의문문이나 부정문을 동반한다.

そんなに いいですか。 그렇게 좋습니까?
そんなに 辛くありません。 그다지 맵지 않습니다.

5 **ほしい 원하다, 갖고 싶다, 필요하다**

주로 「~が~ほしい」의 형태로 쓴다.

カメラが　ほしい。　카메라를 갖고 싶다(카메라가 필요하다).

あなたが　ほしい。　　당신을 원한다(당신이 필요하다).

 문법설명

1 ～いです　い형용사의 정중표현

い형용사는 기본형이 「い」로 끝난다. 기본형에 「です」를 붙이면 '~ㅂ니다'
란 정중표현이 된다. い형용사의 정중의문문은 「～いですか」.

ビビンバは　からい。　　비빔밥은 맵다.

ビビンバは　からいです。비빔밥은 맵습니다.

ビビンバは　からいですか。비빔밥은 맵습니까?

2 ～くありません/くないです　형용사의 부정정중표현

い형용사의 기본형 끝 어미의 「い」를 떼고 「くありません」「くないです」를
붙이면 '~지 않습니다'란 뜻의 부정정중표현이 된다. 부정정중표현의 의문
문은 「くありません/くないです」에 「か」를 붙인다.

ビビンバは　からくありません。비빔밥은 맵지 않습니다.

ビビンバは　からくないです。비빔밥은 맵지 않습니다.

ビビンバは　からくありませんか。비빔밥은 맵지 않습니까.

3 ～い名です　형용사의 명사 수식형(연체형)

い형용사는 기본형 그대로 명사를 수식할 수 있다. 다시 말해 「からい」는
단독으로 쓰이면 '맵다'가 되지만 뒤에 명사가 오면 「からいキムチ(매운 김

치)」와 같이 명사수식형이 된다.

ビビンバは　辛い　料理です。비빔밥은 매운 요리입니다.

これは　高い　ものです。이것은 비싼 것입니다.

단어연습

1. 다음 중 낮 인사로 맞는 것은?

① おはようございます　　② ありがとうございます

③ こんにちは　　　　　　④ はじめまして

2. 다음 중 い형용사의 의미가 올바른 것을 고르시오.

① おいしい　맛있다　　　② おおい　맵다

③ からい　차다　　　　　④ つめたい　많다

3. い형용사의 쓰임이 잘못된 것은?

① おおくありません　　　② つめたくないです

③ からいくありません　　④ おいしいです

4. 다음 문장의 시간을 히라가나로 제대로 표기한 것을 고르시오.

今、12時 30分です。

① じゅうにじ　さんじゅうふん　　② いちにじ　さんじゅっぷん

③ じゅうにじ　さんじゅっぷん　　④ じゅうにじ　さんじゅうっぷん

5. 다음 그림을 보고 맞는 것을 골라보세요.

つめたい　からい　おおい　たかい

ほしい　おいしい　おおい　つめたい

ながい　あつい　おいしい　やさしい

あかい　からい　たかい　かわいい

6. 다음 그림을 보고 질문에 답하시오.

さむいですか。

いいえ、＿＿＿＿＿＿くありません(くないです)。

2 たかいですか。

いいえ、＿＿＿＿＿＿くありません（くないです）。

3 おいしいですか。

いいえ、＿＿＿＿＿＿くありません（くないです）。

4 ながいですか。

いいえ、＿＿＿＿＿＿くありません（くないです）。

본문연습

1. 다음 내용을 듣고 (　)안에 알맞은 써 넣으시오.

A : お昼ご飯は？

B : (　　　　　)です。

A : では、(　　　　) どうですか。

B : いいです。

2. 다음 문장 내에서 형용사의 활용형이 잘못된 것은?

① サムゲタンは 全然 辛くありません。

② 冷たい ビールも ほしいですね。

③ あの 店は 人が 多いですね。

④ とても、おいしく店です。

3. 다음 대화가 맞지 않는 것은?

① A：冷たい ビールも ほしいですね。
　 B：すみません。

② A：サムゲタンは どうですか。

　 B：いいです。

③ A：あの 店は 高くありませんか。

　 B：そんなに 高くありません。

④ A：中村さん、今日は。
　 B：今日は。

4. 본문의 내용과 다른 것은?

① 윤00씨와 나카무라씨는 함께 점심을 먹었다.

② 삼계탕 집은 사람이 별로 없었다.

③ 삼계탕은 맵지 않다.

④ 삼계탕은 비싸지 않다.

1. 다음에 주어진 단어를 문형에 맞게 써 보세요.

명사는 ＋ い형용사 です。 ～는 ～합니다.

すし キムチ ダイアモンド	は	おいしい からい たかい	です。

❶ _____ 。 (초밥은 맛있습니다.)

❷ _____ 。 (김치는 맵습니다.)

❸ _____ 。 (다이아몬드는 비쌉니다.)

2. 다음에 주어진 단어를 이용하여 문형을 만들어 보세요.

い형용사 ＋ 명사 ～ㄴ(한)～

さむ おいし から たか	い	モスクワ すし キムチ ダイアモンド

❶ _____ 。 (추운 모스크바)

❷ _____ 。 (맛있는 초밥)

③ _____。 (매운 김치)

④ _____。 (비싼 다이아몬드)

3. い형용사의 부정표현을 익혀봅시다.

명사は＋ い형용사くありません/くないです。 ～는 ～지 않습니다

ラーメン 田中先生 ビ ール	は	たか やさし つめた	くありません /くないです。

③ _____。 (라면은 비싸지 않습니다.)

② _____。 (타나카선생님은 상냥하지 않습니다.)

③ _____。 (맥주는 시원하지 않습니다.)

쓰기연습

1. 아래의 단어들을 써 보세요.

今日は(こんにちは) 안녕하세요(낮 인사)

_____。

今(いま) 지금   _____。

～分(ふん) ～분   _____。

お昼(ひる)ご飯(はん)　점심(밥)　＿＿＿＿＿＿＿＿＿＿＿＿＿＿＿＿＿。

まだ　아직　＿＿＿＿＿＿＿＿＿＿＿＿＿＿＿＿＿。

一緒(いっしょ)に　함께　＿＿＿＿＿＿＿＿＿＿＿＿＿＿＿＿＿。

どうですか　어떻습니까?　＿＿＿＿＿＿＿＿＿＿＿＿＿＿＿＿＿。

いい　좋다, 괜찮다　＿＿＿＿＿＿＿＿＿＿＿＿＿＿＿＿＿。

サムゲタン　삼계탕　＿＿＿＿＿＿＿＿＿＿＿＿＿＿＿＿＿。

辛(から)い　맵다　＿＿＿＿＿＿＿＿＿＿＿＿＿＿＿＿＿。

全然(ぜんぜん)　전혀, 전연　＿＿＿＿＿＿＿＿＿＿＿＿＿＿＿＿＿。

おいしい　맛있다　＿＿＿＿＿＿＿＿＿＿＿＿＿＿＿＿＿。

あの〜　저〜　＿＿＿＿＿＿＿＿＿＿＿＿＿＿＿＿＿。

店(みせ)　가게　＿＿＿＿＿＿＿＿＿＿＿＿＿＿＿＿＿。

人(ひと)　사람　＿＿＿＿＿＿＿＿＿＿＿＿＿＿＿＿＿。

多(おお)い　많다　＿＿＿＿＿＿＿＿＿＿＿＿＿＿＿＿＿。

とても　아주, 매우　＿＿＿＿＿＿＿＿＿＿＿＿＿＿＿＿＿。

そんなに　그다지, 그렇게　＿＿＿＿＿＿＿＿＿＿＿＿＿＿＿＿＿。

高(たか)い　비싸다　＿＿＿＿＿＿＿＿＿＿＿＿＿＿＿＿＿。

冷(つめた)い　차다, 차갑다　＿＿＿＿＿＿＿＿＿＿＿＿＿＿＿＿＿。

ほしい　갖고 싶다, 탐나다, 필요하다　＿＿＿＿＿＿＿＿＿＿＿＿＿＿＿＿＿。

2. 아래 문장을 읽고 의미를 생각하면서 써 보세요.

から
辛くありませんか

＿＿＿＿＿＿＿＿＿＿＿＿＿＿＿＿＿＿＿＿＿＿＿＿＿＿＿＿＿＿＿。

ユン： 中村さん、今日は。

_____。

中村： あ、ユンさん、今日は。

_____。

ユン： すみません、今、何時ですか。

_____。

中村： 12時　30分です。

_____。

ユン： お昼ご飯は？

_____。

中村： まだです。

_____。

ユン： では、一緒に　どうですか。

_____。

中村： いいです。

_____。

ユン： サムゲタンは　どうですか。

_____。

中村： 辛くありませんか。

_____。

ユン： 全然　辛くありません。おいしいです。

_____。

中村： あの　店は　人が　多いですね。

_____。

ユン： とても、おいしい店です。

_____。

中村： 高くありませんか。

_____。

ユン： そんなに　高くありません。

_____。

中村： 冷たい　ビールも　ほしいですね。

_____。

ユン： いいですね。

_____。

けいようし(形容詞 ; 형용사)

일본사람은 어릴 때부터 상대방을 배려하도록 교육을 받습니다. 그래서 인사말이나 맞장구, 또는 느낌을 표현하는 말들을 많이 합니다.

한국 사람은 보통 음식을 먹어도 맛이 있는지 없는지 바로 내색하는 경우가 많지 않습니다. 그러나 일본 사람들은 음식이 입에 들어간 순간 'あ、おいしい。(아, 맛있어)'라고 합니다. 심지어 맥주 한 모금을 마셔도 바로 'おいしい'라고 합니다.

한국 사람이 들으면 너무 가볍게 느껴질 수도 있겠지만 일본 사람들은 먹고 나서 맛있다고 말해 주는 것을 예의로 생각합니다. 그래서 먹고 나서 아무 말도 하지 않으면 상대방이 맛있게 먹었는지 어떤지 몹시 불안해합니다.

이 밖에도 많이 쓰는 형용사에는 'すごい(대단하다)' 'さびしい(외롭다, 쓸쓸하다)' 'いい(좋다, 괜찮다)' 등이 있는데 특히 'すごい(대단하다)'는 젊은 사람들이 입버릇처럼 아주 많이 쓰는 말입니다.

'さびしい'는 젊은 여성들이 주로 많이 사용하는데 별 의미 없이 습관적으로 쓰는 경우가 많습니다. 어느 한국 남자 유학생이 일본여자가 자기에게 자주 'さびしい'라고 한다며 어떻게 해야 좋으냐고 상의하러 온 경우가 있었는데 정말 큰 의미 없이 사용하는 경우가 많으므로 오해하지 않도록 주의해야 합니다.

'いい'도 잘못 쓰면 낭패를 겪는 일이 많은 말입니다. 예를 들어 'お茶 飲む。(차 마실래)'하고 물었는데 '좋습니다.'란 뜻으로 'いいです。'라고 하면 차를 주지 않습니다. 이럴 때는 'いいです。'가 '괜찮습니다.' '됐습니다.'란 의미로 쓰이기 때문입니다. 마시고 싶은 경우에는 'はい、飲みます。'라고 해야 합니다.

이 밖에도 일본 여성을 칭찬하는 말로 'かわいい(귀엽다)' 'きれいだ(예쁘다)' 'かっこいい(멋있다)' 등이 있는데 한국 사람과 달리 일본 여성은 'きれいだ'보다는 'かわいい' 쪽을 듣고 싶어 한다고 합니다. 'かっこいい'는 남녀 모두에게 자주 쓰입니다.

일본의 유명한 근대작가 志賀直哉(しがなおや)는 일본의 형용사 수가 적다하여 프랑스어를 모어로 하자고 주창한 적이 있는데 이 부족한 형용사를 외래어가 메우고 있습니다. 그래서 외래어에 'だ'붙여 'ゴージャスだ'와 같이 쓰고 있습니다. 심지어는 영어 'now'에 일본어 형용사 어미 'ー い'를 붙인 ナウい라는 말도 생겨났을 정도입니다.

第十課

お<ruby>元気<rt>げんき</rt></ruby>ですか。

お元気ですか。

田中　李さん、お元気ですか。

李　　ええ、おかげさまで、元気です。

田中　この　辺は　静かですね。

李　　はい、とても　静かです。

田中　交通も　便利ですか。

李　　いいえ、交通は　便利ではありません。

交通も
便利ですか。

田中　李さんは、日本語が　とても　上手ですね。

　　　発音も　きれいです。

李　　ありがとうございます。

田中　日本料理は　どうですか。

李　　好きです。

田中　どんな　料理が　好きですか。

李　　何でも　好きです。

☐ 元気(げんき)だ	건강하다, 잘 지내다
☐ おかげさまで	덕분에
☐ この〜	이〜
☐ 辺(へん)	근처, 부근
☐ 静(しず)かだ	조용하다
☐ 交通(こうつう)	교통
☐ 便利(べんり)だ	편리하다
☐ 日本語(にほんご)	일본어
☐ 上手(じょうず)だ	아주 잘 하다, 능숙하다
☐ 発音(はつおん)	발음
☐ きれいだ	예쁘다, 깨끗하다
☐ 日本料理(にほんりょうり)	일본요리
☐ 好(す)きだ	좋다, 좋아하다
☐ どんな	어떤
☐ 何(なん)でも	뭐든지

 어구설명

1　おかげさまで　덕택에, 덕분에

「おかげさま」는 「おかげ(덕분)」의 공손한 표현으로 「さま」는 「さん」의 경어이다. 「おかげさま」에 조사 「で」가 붙어 보통 「お元気ですか。」의 대답으로 「おかげさまで、元気です。」와 같이 쓰인다.

2 この〜/どんな　이〜/어떤

「こ・そ・あ・ど」계통의 지시어로 「この・その・あの・どの」의 형태로 뒤에 오는 명사를 수식하여 '이·그·저·어느'란 의미로 쓰인다. 「こんな・そんな・あんな・どんな」도 '이런·그런·저런·어떤'의 의미로 명사를 수식하는 「こ・そ・あ・ど」계통의 지시어이다.

この　ビールは　おいしいです。이 맥주는 맛있습니다.

田中さんは　どんな　人ですか。（いい人です。）

다나카씨는 어떤 사람입니까? (좋은 사람입니다.)

あの　人が　田中さんですか。저 사람이 다나카씨입니까?

3 日本語　일본어

「〜語」가 붙으면 '〜어'가 되어 「韓国語」「中国語」「英語」「フランス語」「ロシア語」「スペイン語」「アラブ語」「イタリア語」와 같이 쓰인다.

4 何でも　뭐든지

조사 「でも」는 '〜라도'란 뜻인데 의문사에 붙어 「どこでも(어디든지)」「誰でも(누구든지)」「いつでも(언제든지)」와 같이 '〜라도, 〜든지'란 의미로도 쓰인다.

お茶でも　どうですか。차라도 어떻습니까(마시겠습니까)?

いつでも　いいです。언제라도(든지) 좋습니다.

1 な형용사의 정중표현

な형용사는 기본형이 「だ」로 끝난다. 「だ」를 뗀 어간에 「です」를 붙이면 정중표현이 된다. 사전에는 어간의 형태로 실려 있다. 정중의문문은 「어간+ですか」.

図書館は　静かです。 도서관은 조용합니다.

ボアさんは　きれいです。 보아씨는 예쁩니다.

2 ～な名です　な형용사의 명사 수식형(연체형)

な형용사는 い형용사와는 달리 기본형 그대로 명사를 수식할 수 없고 「어간+な」의 형태로 수식한다. 그래서 い형용사와 구분하기 위해 な형용사라 하는 것이다.

静かな　図書館ですね。 조용한 도서관이군요.

きれいな　ボアさん。 예쁜 보아씨.

好きな　料理は　何ですか。　좋아하는 요리는 무엇입니까.

3 ～ではありません/ではないです な형용사의 부정정중표현

な형용사의 어간에 「ではありません」「ではないです」를 붙이면 '～지 않습니다'란 뜻의 부정정중표현이 된다. 부정정중표현의 의문문은 「ではありません/ではないです」에 「か」를 붙인다.

まだ　日本語が　上手ではありません。 아직 일본어를 잘하지 못합니다.

ビビンバが　好きではありません。비빔밥을 좋아하지 않습니다.

4　～が　好きです(か)。～를 좋아합니다(까)

「～が　好きだ」에서 「が」는 좋아하는 대상을 나타내는 조사이므로 우리말로는 '～을/를'로 번역한다. 「～が　上手だ」에서도 「が」는 잘하는 대상을 나타낸다.

運転が　上手ですね。　운전을 잘하네요.

キムチが　好きです。　김치를 좋아합니다.

1. 다음 한자의 히라가나 표기가 올바른 것은?

① 交通(こつう)　　　② 静か(しずか)

③ 元気(けんぎ)　　　④ 発音(はついん)

2. 다음 단어 중 な형용사가 아닌 것은?

① どんな　　　② 静かな

③ 好きな　　　④ 便利な

3. '뭐든지 좋아합니다.'를 일본어로 바꾸면 「何(   )好きです。」가 됩니다.
   (   )안에 들어갈 알맞은 조사는?

① も   ② が
③ でも   ④ を

4. 다음 빈칸에 알맞은 단어를 넣어 보세요.

❶
（図書館が）し＿＿＿＿＿です。

도서관이 조용합니다.

❷
（子供が）げ＿＿＿＿＿です。

아이가 건강합니다.

❸
（交通が）べ＿＿＿＿＿です。

（교통이）편리합니다.

❹
（日本語が）じょ＿＿＿＿＿です。

（일본어를）잘 합니다.

❺
（学校が）き＿＿＿＿＿です。

（학교가）예쁩니다 .

5. 好き/嫌いです를 활용하여 연습해 보세요.

❶ スポーツが　＿＿＿＿＿／＿＿＿＿＿です。

　스포츠를 좋아합니다/싫어합니다.

❷ カラオケが　＿＿＿＿＿／＿＿＿＿＿です。

　가라오케를 좋아합니다/싫어합니다.

❸ すしが　＿＿＿＿＿／＿＿＿＿＿です。

　생선초밥을 좋아합니다/싫어합니다.

❹ カレーライスが　＿＿＿＿＿／＿＿＿＿＿です。

　카레라이스를 좋아합니다/싫어합니다.

❺ 日本語が　＿＿＿＿＿／＿＿＿＿＿です。

　일본어를 좋아합니다/싫어합니다.

❻ 先生が　＿＿＿＿＿／＿＿＿＿＿です。

　선생님을 좋아합니다/싫어합니다.

6. な형용사의 반대말을 익힙시다.

すきだ(좋아하다)　　↔　　＿＿＿＿＿＿＿＿(싫어하다)

しずかだ(조용하다)　↔　　＿＿＿＿＿＿＿＿(번화하다)

1. 다음 내용을 듣고 (   )안에 적당한 말을 넣으시오.

A: お元気ですか。

B: ええ、(   )、元気です。

A: この　辺は　静かですね。

B: はい、(   )　静かです。

 2. 조사 「が」의　쓰임이 다른 것을 고르시오.

① 私は　スポーツが　好きではありません。

② この　辺は　交通が　便利です。

③ 李さんは　日本語が　とても　上手です。

④ 日本料理が　好きです。

3. 다음 중 な형용사의 쓰임이 잘못된 것을 고르시오.

① 交通が　便利ではありませんか。

② この　辺は　とても　静かですね。

③ 日本語が　そんなに　上手ではありません。

④ 李さんは　元気の　人です。

4. 다음 중 물음에 대한 답변으로 틀린 것은?

① A : お元気ですか。

　 B : ええ、おかげさまで。

② A : この　辺は　静かですね。

　 B : はい、とても　静かです。

③ A : どんな　料理が　好きですか。

　 B : いいえ、好きではありません。

④ A : 李さん、日本語の　発音が　きれいですね。

　 B : ありがとうございます。

문형연습

 다음에 주어진 단어를 이용하여 보기와 같은 문형을 만들어 보세요.

1. 명사 は　+　な형용사です(ではありません)　～는　～합니다(하지 않습니다)

| この へん
こうつう
せんせい
スポーツ | は | しずか
べんり
きれい
じょうず | です(ではありません)。 |

① ＿＿＿＿＿＿＿＿＿＿＿＿＿＿＿＿＿＿＿＿＿＿＿＿＿＿＿。

② ＿＿＿＿＿＿＿＿＿＿＿＿＿＿＿＿＿＿＿＿＿＿＿＿＿＿＿。

③ _____ 。

④ _____ 。

2. 명사 는 ＋ 명사 가 ＋な형용사です(ではありません)

　 ～는 ～가 ～합니다(하지 않습니다)

| がっこう
わたし
なかた
中田さん | は | こうつう
スポーツ
フランス語 | が | べんり
すき
じょうず | です
(ではありません)。 |

❶ _____ 。

❷ _____ 。

❸ _____ 。

3. どんな　ところですか。

| べんり
しずか
きれい | な　ところです。 |

❶ _____ 。

❷ _____ 。

❸ _____ 。

4. どんな　ひとですか。

| しずか |
| きれい |
| げんき |

な　ひとです。

1 ＿＿＿＿＿＿＿＿＿＿＿＿＿＿＿＿＿＿＿＿＿＿＿＿＿＿＿＿＿＿＿＿。

2 ＿＿＿＿＿＿＿＿＿＿＿＿＿＿＿＿＿＿＿＿＿＿＿＿＿＿＿＿＿＿＿＿。

3 ＿＿＿＿＿＿＿＿＿＿＿＿＿＿＿＿＿＿＿＿＿＿＿＿＿＿＿＿＿＿＿＿。

쓰기연습

1. 아래의 단어들을 써 보세요.

元気(げんき)だ　건강하다, 잘 지내다＿＿＿＿＿＿＿＿＿＿＿＿＿＿＿＿。

おかげさまで　덕분에　＿＿＿＿＿＿＿＿＿＿＿＿＿＿＿＿。

この～　이～　＿＿＿＿＿＿＿＿＿＿＿＿＿＿＿＿。

辺(へん)　근처, 부근　＿＿＿＿＿＿＿＿＿＿＿＿＿＿＿＿。

静(しず)かだ　조용하다　＿＿＿＿＿＿＿＿＿＿＿＿＿＿＿＿。

交通(こうつう)　교통　＿＿＿＿＿＿＿＿＿＿＿＿＿＿＿＿。

便利(べんり)だ　편리하다　＿＿＿＿＿＿＿＿＿＿＿＿＿＿＿＿。

日本語(にほんご)　일본어　＿＿＿＿＿＿＿＿＿＿＿＿＿＿＿＿。

上手(じょうず)だ　아주 잘 하다, 능숙하다

＿＿＿＿＿＿＿＿＿＿＿＿＿＿＿＿。

発音(はつおん)　발음　　　　　　　　_____。

きれいだ　예쁘다, 깨끗하다　　　　　_____。

日本料理(にほんりょうり)　일본요리　_____。

好(す)きだ　좋다, 좋아하다　　　　　_____。

どんな　어떤　　　　　　　　　　　_____。

何(なん)でも　뭐든지　　　　　　　_____。

お元気(げんき)ですか。

_____。

田中(たなか)：　李(イ)さん、お元気(げんき)ですか。

_____。

李(イ)：　ええ、おかげさまで、元気(げんき)です。

_____。

田中(たなか)：　この　辺(へん)は　静(しず)かですね。

_____。

李(イ)：　はい、とても　静(しず)かです。

_____。

田中(たなか)：　交通(こうつう)も　便利(べんり)ですか。

_____。

李(イ)：　いいえ、交通(こうつう)は　便利(べんり)ではありません。

_____。

田中：　李さんは、日本語が　とても　上手ですね。発音も　きれいです。
_____。

李：　　ありがとうございます。
_____。

田中：　日本料理は　どうですか。
_____。

李：　　好きです。
_____。

田中：　どんな　料理が　好きですか。
_____。

李：　　何でも　好きです。
_____。

すきなたべもの(好きな食べ物 ; 좋아하는 음식)

일본에서는 월급날과 보너스를 받은 날에는 '焼き肉(やきにく ; 불고기)", "すし(생선초밥)"을 먹으러 갑니다. 'すし'는 크게 전문점에서 먹는 'すし'와 '回転寿司(かいてんずし ; 회전초밥)'가 있는데 回転寿司가 가격도 적당하고 자신이 좋아하는 'すし'를 골라 먹을 수 있는 즐거움이 있어 선호합니다. 回転寿司에는 'すし'뿐만 아니라 과일과 디저트 등도 있습니다. 한 접시에 초밥이 두 개씩 놓여 있는데 접시마다 색깔과 가격이 달라 다 먹고 난 뒤에 점원이 쌓아둔 접시를 보고 계산을 해줍니다.

"てんぷら(튀김)"도 일본인이 자주 먹는 음식 중 하나인데 한국과는 달리 생선과 여러 가지 야채 튀김이 한 접시에 놓여 있는 "てんぷら盛り合わせ(모둠튀김)"가 주류입니다.

샐러리맨들이 자주 먹는 음식의 하나인 "牛丼(ぎゅうどん ; 쇠고기덮밥)"은 한 그릇에 290엔 정도의 저렴한 가격에 배도 부르기 때문에 인기였으나 최근에는 광우병의 영향으로 미국 산 저가격 쇠고기를 수입할 수 없게 되어 牛丼이 사라져 버렸기 때문에 눈물 흘리는 샐러리맨들이 많습니다.

몇 년 전 일본의 유명한 牛丼체인점이 서울에 지점을 냈지만 손님이 너무 적어 곧 문을 닫고 말았던 적이 있습니다. 한국의 쇠고기덮밥에 비해 맛이 너무 달았던 탓인지 모릅니다. 일본인은 한국인에 비해 아주 달게 먹는 편이기 때문입니다.

카레나 라면, 우동, 돈가스 등도 일본인이 많이 먹는 음식들입니다.

이 밖에도 2000엔 정도만 내면 마음껏 먹을 수 있는 '食べ放題(たべほうだい ; 고기뷔페)', 'かに食べ放題(게뷔페)', 'ケーキ食べ放題(케이크뷔페)'도 젊은 여성들 사이에 인기가 많습니다.

그리고 대부분의 패밀리 레스토랑에서 실시하고 있는 드링크 바(음료수 무한제공) 시스템과 저렴한 런치바이킹도 정착해 가고 있습니다.

第十一課

<ruby>済州道<rt>チェジュド</rt></ruby>は　<ruby>楽<rt>たの</rt></ruby>しかったです。

済州道は　楽しかったです。

橋本　いい　お天気ですね。

朴　そうですね。昨日も　いい　天気でしたね。済州道は

どうでしたか。

橋本　楽しかったです。昼は　ちょっと　暑かったんですが、

夜は　涼しくて　気持よかったです。

朴　食べ物は　何が　一番　おいしかったですか。

橋本　魚が　一番　新鮮で　おいしかったです。

朴　　済州道の　写真は？

橋本　　あります。これです。

朴　　ここは　どこですか。

橋本　　漢拏山です。とても　きれいでした。

朴　　この　方は　橋本さんの　お母さんですか。

橋本　　はい、母です。

朴　　お母さんが　おきれいですね。

橋本　　前は　もっと　きれいだったんですが。

朴　　そうでしょうね。

☐ お天気(てんき)	날씨
☐ 昨日(きのう)	어제
☐ 楽(たの)しい	즐겁다
☐ ちょっと	좀
☐ 暑(あつ)い	덥다
☐ 夜(よる)	밤
☐ 涼(すず)しい	시원하다
☐ 気持(きもち)	기분
☐ よい	좋다
☐ 食(た)べ物(もの)	음식, 먹거리
☐ 一番(いちばん)	제일
☐ 魚(さかな)	생선
☐ 新鮮(しんせん)だ	신선하다, 싱싱하다
☐ 写真(しゃしん)	사진
☐ ～方(かた)	～분
☐ お母(かあ)さん	어머니(남의 어머니 등, 높여 부를 때)
☐ 母(はは)	어머니
☐ もっと	더, 더욱

 어구설명

1 いい お天気ですね。 날씨가 좋군요.

'날씨가 좋군요'라는 인사말로 한국말과 같은 어순으로 「天気が いいです
ね」라고는 하지 않으므로 주의해야 한다. 「お」는 경어의 일종인 미화어(美
化語)로 관용적으로 쓰임.

2 楽しかったです。 즐거웠습니다.

한국어의 경우 '(어제)재미있었어요'라고 묻는데 일본어의 경우 「(昨日)　楽しかったですか。」라고 묻는다.

旅行は　楽しかったですか。 여행은 즐거웠습니까?

楽しい　一日でした。 즐거운 하루였습니다.

3 (気持)よかった。 (기분)좋았다.

'좋다'의 의미를 나타내는 형용사에는 「いい」와 「よい」 등이 있는데 과거형으로는 「いかった」는 쓰지 못하고 「よかった」를 쓴다. 그러므로 현재형인 「気持いい」는 쓰여도 과거형인 「気持いかった」는 틀린 표현이다. 반드시 「気持よかった」라고 해야 한다.

あ、気持いい。(○) 아, 기분 좋다.
あ、気持よい。(△) 아, 기분 좋다.
昨日は　とても　気持いかった。(X) 어제는 아주 기분이 좋았다.
昨日は　とても　気持よかった。(○) 어제는 아주 기분이 좋았다.

4 新鮮で　신선하고, 싱싱하고

「新鮮だ」는 '신선하다' 외에도 야채나 생선이 '싱싱하다'란 의미도 있다.

トマトが　新鮮ですね。 토마토가 싱싱하네요.
さかなが　新鮮です。　 생선이 싱싱합니다.

5 お母さん/母

일본어의 경어체계는 한국어와 다르다. 그래서 가족에 대한 호칭도 남의 가족을 부를 때와 자기 가족을 부를 때 다르게 쓰인다. 「お母さん」은 남의 어머니를 가리키는 말이고 「母」는 자기 어머니를 남에게 말할 때 쓰인다.

田中 さんの　お母さんは　お元気ですか。다나카씨 어머니는 안녕하십니까?
母は　今　東京です。 (우리)어머니는 지금 동경에 계십니다.

 문법설명

1 형용사 과거표현

1) い형용사 과거표현

い형용사의 과거 단정형은 어미 「い」를 떼고 어간에 「~かった」를 붙여 만든다. 여기에 「~です」를 붙이면(「~かったです」) 정중형이 된다. 부정형은 어간에 「~くなかったです」「~くありませんでした」를 붙인다.

楽しい(즐겁다)　⇒　楽しかった(즐거웠다)

⇒　楽しかったです(즐거웠습니다)

楽しい(즐겁다)　⇒　楽しくなかった(즐겁지 않았다)

⇒　楽しくなかったです, 楽しくありませんでした(즐겁지 않았습니다)

この　ホテルの　ステーキは　おいしいです。
이 호텔의 스테이크는 맛있습니다.

この　ホテルの　ステーキは　おいしかった。

이 호텔의 스테이크는 맛있었다.

この　ホテルの　ステーキは　おいしかったです。

이 호텔의 스테이크는 맛있었습니다.

この　ホテルの　ステーキは　おいしくなかったです。

이 호텔의 스테이크는 맛없었습니다.

この　ホテルの　ステーキは　おいしくありませんでした。

이 호텔의 스테이크는 맛없었습니다.

2) な형용사 과거표현

な형용사의 과거 단정형은 어간에 「だった」를 붙여 만든다. 여기에 「～です」
를 붙이면(「～だったです」) 정중형이 된다. 어간에 「～でした」를 붙여도 과거
정중형이 된다. 부정 과거형은 어간에 「～ではありませんでした」를 붙인다.

きれいだ(예쁘다)　⇒　きれいだった(예뻤다)

⇒　きれいだったです、きれいでした(예뻤습니다)

きれいだ(예쁘다)

⇒　きれいではありませんでした(예쁘지 않았습니다)

お酒が　好きだ。　술을 좋아하다.

お酒が　好きだった。술을 좋아했다.

お酒が　好きだったです。술을 좋아했습니다.

お酒が　好きでした。술을 좋아했습니다.

お酒が　好きではありませんでした。술을 좋아하지 않았습니다.

2 **형용사의 중지형(~くて, ~で ~하고, ~해서)**

1) **い형용사의 중지형**

어미 「い」를 떼고 「~くて」를 붙이면 '~하고' '~해서'의 의미가 된다.

<ruby>楽<rt>たの</rt></ruby>しい(즐겁다) ⇒ <ruby>楽<rt>たの</rt></ruby>し<u>くて</u>(즐겁고, 즐거워서)

ビビンバは　<u>やすくて</u>　おいしい。비빔밥은 싸고 맛있다.

キムチは　<u>からくて</u>　好きではありません。

김치는 매워서 좋아하지 않습니다.

2) **な형용사의 중지형**

어간에 「~で」를 붙이면 '~하고' '~해서'의 의미가 된다.

きれいだ(예쁘다) ⇒ きれいで(예쁘고, 예뻐서)

この　<ruby>辺<rt>へん</rt></ruby>は　<ruby>静<rt>しず</rt></ruby>かで　<ruby>交通<rt>こうつう</rt></ruby>が　<ruby>便利<rt>べんり</rt></ruby>です。

이 주변은 조용하고 교통이 편리합니다.

この　<ruby>辺<rt>へん</rt></ruby>は　<ruby>静<rt>しず</rt></ruby>かで　いいです。

이 주변은 조용해서 좋습니다.

3 **~ん**

「~ん」은 문말(문장 끝)에 붙어 '이유'나 '해석' '설명' 등의 의미를 나타낸다.

キムチは　好きではありません。김치는 좋아하지 않습니다.

からい<u>ん</u>です。매워서요.

단어연습

1. 다음 밑줄 친 단어 중 쓰임이 틀린 것은?

<u>この</u>　<u>方は</u>　<u>橋本さんの</u>　<u>母ですか</u>。
①　　②　　　③　　　　④

2. 다음 단어 중 한자읽기가 바른 것은?

① 天気-でんき　　　　　② 昨日-きのお

③ 暑い-あつい　　　　　④ 写真-さしん

3. 다음 형용사의 과거형이 잘못된 것은?

① いかったです　　　　②すずしかった

③ きれいだったです　　④ しんせんでした

4. 그림을 보고 알맞은 말을 써 넣어 보세요.

① 　　밤

② 　　음식

_____。　　　_____。

③ 생선

_____。

④ 사진

_____。

⑤ 어머니

_____。

⑥ 즐겁다

_____。

⑦ 덥다

_____。

⑧ 신선하다

_____。

⑨ 시원하다

_____。

⑩ 기분좋다

_____。

본문연습

1. 다음 (　　) 안에 조사가 맞게 들어간 문장은?

① 昼は　ちょっと　暑かったんです(か)、夜は　涼しかったです。

② 済州道の　写真(の)　これです。

③ いい　お天気ですね。昨日(も)　いい　天気でしたね。

④ 魚が　一番　新鮮(だ)　おいしかったです。

① 済州道は　魚が　とても　新鮮でした。
② 済州道は　楽しかったですが、食べ物は　おいしくなかったです。
③ 橋本さんの　お母さんは　前は　もっと　きれいだったんです。
④ 済州道の　山の　漢挐山は　とても　きれいでした。

3. 다음을 일본어로 작문하시오.

1 날씨가 참 좋군요.

_____。

2 사진 속의 이 분은 하시모토씨의 어머니십니까?

_____。

3 제주도는 시원해서 기분이 좋았습니다.

_____。

4 생선이 제일 싱싱하고 맛있었습니다.

_____。

1. 다음에 주어진 단어를 이용하여 보기에 맞게 문형을 만들어 보세요.

┌─보기─────────────────────────────────────┐
│   どうでしたか。   │
└──┘

| ひる
パーティー
てんき
たべもの
よる
ビビンバ | は | あつ
たのし
よ
おいし
すずし
から | かった(です)。 |

1 ＿＿＿＿＿＿＿＿＿＿＿＿＿＿。 **2** ＿＿＿＿＿＿＿＿＿＿＿＿＿＿＿＿＿＿。

3 ＿＿＿＿＿＿＿＿＿＿＿＿＿＿。 **4** ＿＿＿＿＿＿＿＿＿＿＿＿＿＿＿＿＿＿。

5 ＿＿＿＿＿＿＿＿＿＿＿＿＿＿。 **6** ＿＿＿＿＿＿＿＿＿＿＿＿＿＿＿＿＿＿。

2. 다음에 주어진 단어를 이용하여 보기에 맞게 문형을 만들어 보세요.

┌─ 보기 ─────────────────────────────────┐
│   どうでしたか。   │
└────────────────────────────────────┘

┌─────────────┐   ┌─────────────┐
│ にほんご   │   │ じょうず   │
│ ホテル   │   │ きれい   │
│ サッカー   │   │ すき   │
│ とうきょう   │   は   │ にぎやか   │   でした(だったです)。
│ こうつう   │   │ べんり   │
│ レポート   │   │ たいへん   │
│ せんせい   │   │ しずか   │
└─────────────┘   └─────────────┘

1 _____ 。   **2** _____ 。

3 _____ 。   **4** _____ 。

5 _____ 。   **6** _____ 。

7 _____ 。

3. (   )안의 단어를 이용하여 다음 물음에 답하세요.

どうですか。

1 ラーメンは _____くて _____です。(やすい、おいしい)

2 ソウルは _____くて _____です。(すずしい、気持いい)

3 このへんは _____で _____です。(しずかだ、こうつうが べんりだ)

❹ せんせいは ＿＿＿で ＿＿＿＿＿です。（きれいだ、しんせつだ）

4. 다음 물음에 답하세요.

❶ よるも　あつかったですか。

いいえ ＿＿＿＿＿＿＿＿＿＿＿＿＿＿＿＿＿＿＿＿

❷ コンサートは　たのしかったですか。

いいえ ＿＿＿＿＿＿＿＿＿＿＿＿＿＿＿＿＿＿＿＿

❸ きのうは　てんきが　よかったですか。

いいえ ＿＿＿＿＿＿＿＿＿＿＿＿＿＿＿＿＿＿＿＿

❹ ミョンドンは　しずかでしたか。

いいえ ＿＿＿＿＿＿＿＿＿＿＿＿＿＿＿＿＿＿＿＿

❺ さかなは　しんせんでしたか。

いいえ ＿＿＿＿＿＿＿＿＿＿＿＿＿＿＿＿＿＿＿＿

❻ パーティーは　にぎやかでしたか。

いいえ ＿＿＿＿＿＿＿＿＿＿＿＿＿＿＿＿＿＿＿＿

 1. 아래의 단어들을 써 보세요.

お天気(てんき) 날씨 　　　　＿＿＿＿＿＿＿＿＿＿＿＿＿＿＿＿＿。

昨日(きのう) 어제 　　　　＿＿＿＿＿＿＿＿＿＿＿＿＿＿＿＿＿。

楽(たの)しい 즐겁다 　　　　＿＿＿＿＿＿＿＿＿＿＿＿＿＿＿＿＿。

ちょっと 좀 　　　　＿＿＿＿＿＿＿＿＿＿＿＿＿＿＿＿＿。

暑(あつ)い 덥다 　　　　＿＿＿＿＿＿＿＿＿＿＿＿＿＿＿＿＿。

夜(よる) 밤 　　　　＿＿＿＿＿＿＿＿＿＿＿＿＿＿＿＿＿。

涼(すず)しい 시원하다 　　　　＿＿＿＿＿＿＿＿＿＿＿＿＿＿＿＿＿。

気持(きもち)よい 기분 좋다 　　　　＿＿＿＿＿＿＿＿＿＿＿＿＿＿＿＿＿。

食(た)べ物(もの) 음식, 먹거리 　　　　＿＿＿＿＿＿＿＿＿＿＿＿＿＿＿＿＿。

一番(いちばん) 제일 　　　　＿＿＿＿＿＿＿＿＿＿＿＿＿＿＿＿＿。

魚(さかな) 생선 　　　　＿＿＿＿＿＿＿＿＿＿＿＿＿＿＿＿＿。

新鮮(しんせん)だ 신선하다, 싱싱하다

　　　　＿＿＿＿＿＿＿＿＿＿＿＿＿＿＿＿＿。

写真(しゃしん) 사진 　　　　＿＿＿＿＿＿＿＿＿＿＿＿＿＿＿＿＿。

～方(かた) ～분 　　　　＿＿＿＿＿＿＿＿＿＿＿＿＿＿＿＿＿。

お母(かあ)さん 어머니(남의 어머니 등, 높여 부를 때)

　　　　＿＿＿＿＿＿＿＿＿＿＿＿＿＿＿＿＿。

母(はは)　어머니　　　　　　　　_____。

もっと　더, 더욱　　　　　　　　_____。

済州道は　楽しかったです。

_____。

橋本：いい　お天気ですね。

_____。

朴：　そうですね。昨日も　いい　天気でしたね。済州道は　どうでしたか。

_____。

橋本：楽しかったです。昼は　ちょっと　暑かったんですが、

_____。

夜は　涼しくて気持よかったです。

_____。

朴：　食べ物は　何が　一番　おいしかったですか。

_____。

橋本：魚が　一番　新鮮で　おいしかったです。

_____。

朴：　済州道の　写真は？

_____。

橋本：あります。これです。

_____。

朴：　ここは　どこですか。

_____。

橋本：漢拏山です。とても　きれいでした。

_____。

朴：　この　方は　橋本さんの　お母さんですか。

_____。

橋本：はい、母です。

_____。

朴：　お母さんが　おきれいですね。

_____。

橋本：前は　もっと　きれいだったんですが。

_____。

朴：　そうでしょうね。

_____。

やすみ(休み ; 휴일)

　　일본 사람은 휴일에는 공원에 가는 사람이 많습니다. 그래서 크고 작은 공원이 동네마다 상당히 많은데 날씨가 좋은 날에는 개를 데리고 산책을 하거나 조깅을 하는 사람을 많이 볼 수 있습니다. 반면 등산을 하는 사람은 한국 사람에 비해 많지 않습니다. 대신 온천여행을 많이 가는 편입니다. 최근에는 애완동물을 기르는 사람이 많아져 주인과 함께 애완동물도 온천을 할 수 있는 곳도 생겨나고 있습니다.

　　기차를 타고 가는 경우 駅弁(えきべん ; 역마다 파는 도시락)을 먹는 광경을 흔히 볼 수 있는데 일본의 駅弁은 그 지역 특산물을 이용해 만들기 때문에 모든 일본사람이 여행의 최고의 즐거움으로 꼽고 있습니다.

　　젊은 사람들은 영화도 많이 보러 가는데 최근에는 한국 영화와 드라마가 붐이어서「韓ドラ(韓国のドラマの 약자)」라는 신어(新語)가 생겼을 정도입니다.

　　특히 영화관이 데이트 코스로 많이 이용되는 것은 한국과 마찬가지인데 입장료는 1800엔으로 한국보다 좀 비싸나「映画の日」(매달 한번 전국 모든 영화관이 1000엔),「レディースデー」(여성에게만 할인해 주는 날),「レイトショー」(심야영화)등의 경우에는 싸기 때문에 이를 많이 이용합니다.

第十二課

<ruby>日曜日<rt>にちようび</rt></ruby>に　<ruby>何<rt>なに</rt></ruby>を　しますか。

第十二課

<ruby>日<rt>にち</rt></ruby><ruby>曜<rt>よう</rt></ruby><ruby>日<rt>び</rt></ruby>に　<ruby>何<rt>なに</rt></ruby>を　しますか。

ユン　<ruby>鈴木<rt>すずき</rt></ruby>さん、この　<ruby>日曜日<rt>にちようび</rt></ruby>に　<ruby>何<rt>なに</rt></ruby>を　しますか。

<ruby>鈴木<rt>すずき</rt></ruby>　プサンに　<ruby>行<rt>い</rt></ruby>きます。

ユン　<ruby>出張<rt>しゅっちょう</rt></ruby>ですか。

<ruby>鈴木<rt>すずき</rt></ruby>　いいえ、<ruby>友達<rt>ともだち</rt></ruby>に　<ruby>会<rt>あ</rt></ruby>いに　<ruby>行<rt>い</rt></ruby>きます。

　　　<ruby>日本<rt>にほん</rt></ruby>から　<ruby>友達<rt>ともだち</rt></ruby>が　<ruby>来<rt>き</rt></ruby>ます。

ユン　<ruby>何<rt>なん</rt></ruby>で　<ruby>行<rt>い</rt></ruby>きますか。

<ruby>鈴木<rt>すずき</rt></ruby>　<ruby>電車<rt>でんしゃ</rt></ruby>で　<ruby>行<rt>い</rt></ruby>きます。

尹　　　KTXに　乗りますか。

鈴木　　はい、KTXに　乗ります。尹さんは。

尹　　　私は　高橋さんと　いっしょに　映画を　見に　行きます。

　　　　それから、夕ご飯を　いっしょに　食べます。

鈴木　　そうですか。高橋さんに　よろしく。

尹　　　はい。では、鈴木さんも　よい　週末を。

☐ 〜を	〜을(를)
☐ する	하다
☐ 行(い)く	가다
☐ 出張(しゅっちょう)	**출장**
☐ 友達(ともだち)	친구
☐ 会(あ)う	만나다
☐ 来(く)る	오다
☐ 電車(でんしゃ)	열차, 기차
☐ 〜で	〜로(수단을 나타냄)
☐ 乗(の)る	타다
☐ 〜に乗る	〜를 타다
☐ いっしょに	함께
☐ 映画(えいが)	영화
☐ 見(み)る	보다
☐ それから	그리고 나서
☐ 夕ご飯(ゆうごはん)	저녁밥, 저녁식사
☐ 食(た)べる	먹다
☐ 〜によろしく	〜에게 안부를 전하다
☐ 週末(しゅうまつ)	주말

1 この日曜日　이번 주 일요일

여기에서 「この」는 '이번 주'란 의미를 나타낸다.

2 ～にあう(～를 만나다)/～にのる(～를 타다)

조사 「に」에는 여러 가지 의미가 있는데 「～に　あう」「～に　のる」의 「に」는 「あう(만나는)」동작의 대상과 「のる(타는)」동작의 귀착점을 나타낸다.

あした　田中さんに　会う。내일 타나카씨를 만난다.

学校までは　バスに　乗ります。학교까지는 버스를 탑니다.

3 高橋さんに　よろしく 타카하시씨한테 안부 전해주세요

「よろしく」는 형용사「よろしい」의 부사형으로 '잘'이라는 뜻이지만 「よろしくお伝えください」의 준말로 '안부를 (잘) 전해주세요'란 의미로도 쓰인다.

4 よい　週末を 주말 잘 보내세요

「よい週末をお過ごしください」의 준말로 '주말 잘 보내세요'란 의미로 쓰인다.

1 일본어 동사의 종류

① ru동사(1단 동사)

기본형이 「る」로 끝나고 그 바로 앞 글자가 「い」단이거나 「え」단인 동사. 즉 「る」의 앞 글자가 「い・き(ぎ)・し(じ)・ち(ぢ)・に・ひ(び)・み・り」거나 「え・け(げ)・せ(ぜ)・て(で)・ね・へ(べ)・め・れ」이면 ru동사(1단 동사)이다.

い**る**(있다)　　き**る**(입다)　　み**る**(보다)

かけ**る**(걸다)　たべ**る**(먹다)　ね**る**(자다)

② 불규칙 동사

불규칙 동사는 「く**る**」와 「す**る**」, 두 동사뿐이다.

③ u동사(5단 동사)

ru동사와 불규칙동사를 제외한 모든 동사를 말한다.

기본형이 「う・く(ぐ)・す・つ・ぬ・ぶ・む・る」등 3단으로 끝난다.

い**う**(말하다)　か**く**(쓰다)　　はな**す**(이야기하다)　も**つ**(가지다)

し**ぬ**(죽다)　　あそ**ぶ**(놀다)　やす**む**(쉬다)　　　　の**る**(타다)

* 주의 : 기본형이 「る」로 끝나더라도 「る」 바로 앞글자가 「い」단이나 「え」단이 아닌 경우는 u동사이다. 「のる」의 경우 「る」의 앞 글자가 「の」이므로 「お」단이다. 그러므로 ru동사가 아닌 u동사이다.

2　ます형(연용형)···동사의 정중형

동사의 정중형은 「ます」를 붙이며 현재형/미래형/의지형(합니다/ 하겠습니다)을 나타낸다. 각 동사에 따라 「ます」를 붙이는 형태가 다르다.

① u동사 : 어미, 즉 기본형의 끝글자를 같은 행의 「い」단으로 바꾸고 「ます」를 붙인다.

いう → いい → いいます(말합니다)
かく → かき → かきます(씁니다)
はなす → はなし → はなします(이야기합니다)
もつ → もち → もちます(가집니다)
しぬ → しに → しにます(죽습니다)
あそぶ → あそび → あそびます(놉니다)
やすむ → やすみ → やすみます(쉽니다)
のる → のり → のります(탑니다)

② ru동사: 기본형의 어미인 끝자 「る」를 떼고 「ます」를 붙인다.

いる → います(있습니다)
きる → きます(입습니다)
みる → みます(봅니다)
たべる → たべます(먹습니다)
ねる → ねます(잡니다)

③ 불규칙 동사: 「ます」가 불규칙하게 붙는다.

くる → きます(옵니다)
する → します(합니다)

3 　会いに　行きます/見に　行きます　만나러 갑니다/ 보러 갑니다

ます형에 조사「に」를 붙이면 '~하러'라는 목적의 의미를 나타낸다.「散歩(산책)」「運動(운동)」등 동작을 나타내는 명사에도 사용될 수 있다.

今、会いに　行きます。지금 만나러 갑니다.

公園へ　散歩に　行きます。공원에 산책하러 갑니다.

단어연습

1. 다음 중 동사의 종류가 다른 것은?

① 行く

② 飲む

③ 取る

④ する

2. 다음 중 ru동사가 아닌 것은?

① 見る

② 食べる

③ ある

④ いる

3. 다음 동사의 ます형이 알맞게 된 것은?

① 来る – 来ります

② 食べる – 食べります

③ する – すります

④ 休む – 休みます

4. 다음 한자의 読み仮名(히라가나 읽기)가 올바른 것은?

① 出張 – しゅちょ   ② 友達 – ともだち

③ 電車 – てんさ   ④ 映画 – えが

5. 그림을 보고 알맞은 말을 써 넣어 보세요.

1

_____。

집에서 쉽니다. (いえ　やすむ)

2

_____。

기모노를 입습니다. (きもの　きる)

3

_____。

아침에 일찍 일어납니다. (朝　早く　おきる)

4

_____。

편지를 씁니다. (てがみ　かく)

5

_____。

선생님을 기다립니다. (せんせい　まつ)

⑥

_____。

빨리 잡니다. (早く　ねる)

⑦

_____。

맥주를 마십니다. (ビール　のむ)

⑧

_____。

사진을 찍습니다. (しゃしん　とる)

⑨

_____。

쇼핑을 합니다. (かいもの　する)

⑩

_____。

라디오를 듣습니다. (ラジオー　きく)

 본문연습

 1. 〈보기〉에서 알맞은 조사를 찾아 넣으세요.

┌─보기─────────────────────────────────┐
　　に　　から　　で　　を　　と　　それから　　まで　　は
└──────────────────────────────────────┘

❶ 私は　高橋さん(　　　)　いっしょに　映画を　見に　行きます。

(　　　　　　)、夕ご飯を　いっしょに　食べます。

② あした　日本(　　　　)　友達が　来ます。

③ 日曜日(　　　)　何を　しますか。

④ 学校は　電車(　　　)　行きます。

⑤ では、鈴木さんも　よい　週末(　　　　)。

2. 다음 문장 중 (　　) 안에 조사 「に」가 들어가지 않는 것은?

① 友達(　　)　会いに　行きます。

② KTX(　　)　乗りますか。

③ 高橋さん(　　)　よろしく。

④ プサン(　　)　行きます。

⑤ 何(　　)　行きますか。

3. 다음 동사를 ます형으로 바꾸어 보세요.

1 行く　＿＿＿＿＿＿＿＿　　**2** 見る　＿＿＿＿＿＿＿＿

3 乗る　＿＿＿＿＿＿＿＿　　**4** 会う　＿＿＿＿＿＿＿＿

5 食べる　＿＿＿＿＿＿＿　　**6** 来る　＿＿＿＿＿＿＿＿

7 する　＿＿＿＿＿＿＿＿

4. 본문 내용과 일치하지 않는 것을 고르세요.

① 스즈키씨는 일요일에 부산에 갑니다.

② 스즈키씨는 일요일에 출장을 갑니다.

③ 스즈키씨는 열차를 탑니다.

④ 스즈키씨 친구가 일요일에 일본에서 옵니다.

1. 다음에 주어진 단어를 이용하여 보기에 맞게 문형을 만들어 보세요.

どこへ　行きますか。

としょかん
しょくどう
がっこう
ホテル
びょういん
デパート
ぎんこう

　へ　　いきます。

❶ ＿＿＿＿＿＿＿＿＿。　❷ ＿＿＿＿＿＿＿＿＿＿。

❸ ＿＿＿＿＿＿＿＿＿。　❹ ＿＿＿＿＿＿＿＿＿＿。

❺ ＿＿＿＿＿＿＿＿＿。　❻ ＿＿＿＿＿＿＿＿＿＿。

❼ ＿＿＿＿＿＿＿＿＿。

2. 다음에 주어진 단어를 이용하여 보기에 맞게 문형을 만들어 보세요.

何を　食べますか。

> ラーメン
> すし
> キムチ
> スパゲッティ
> カレー
> おにぎり

を　　たべます。

① ＿＿＿＿＿＿＿＿＿＿＿。　② ＿＿＿＿＿＿＿＿＿＿＿。

③ ＿＿＿＿＿＿＿＿＿＿＿。　④ ＿＿＿＿＿＿＿＿＿＿＿。

⑤ ＿＿＿＿＿＿＿＿＿＿＿。　⑥ ＿＿＿＿＿＿＿＿＿＿＿。

3. 다음에 주어진 단어를 이용하여 질문에 답해 보세요.

何を　しますか。

①
(ごはんを　たべる)

＿＿＿＿＿＿＿＿＿＿＿＿＿＿＿＿＿＿。

②
(せんたくを　する)

＿＿＿＿＿＿＿＿＿＿＿＿＿＿＿＿＿＿。

3

がっこう
(学校へ　いく)

_____。

4

(テレビを　みる)

_____。

5

おんがく
(音楽を　きく)

_____。

6

しんぶん
(新聞を　よむ)

_____。

4. 주어진 문장과 같이 일본어로 답해 보세요.

何を　しに　行きますか。무엇을 하러 갑니까?

1

とんかつを　＿＿＿＿＿＿　行きます。
돈까스를 먹으러 갑니다.

2

おさけを　＿＿＿＿＿＿　行きます。
술을 마시러 갑니다.

③ 本を ＿＿＿＿＿＿ 行きます。

책을 읽으러 갑니다.

④ えいがを ＿＿＿＿＿＿ 行きます。

영화를 보러 갑니다.

⑤ 友だちに ＿＿＿＿＿＿ 行きます。

친구를 만나러 갑니다.

⑥ 公園へ ＿＿＿＿＿＿ 行きます。

공원에 산책하러 갑니다.

⑦ かばんを ＿＿＿＿＿＿ 行きます。

가방을 사러 갑니다.

5. 그림을 보고 대답해 보세요.

① 何を 読みますか。

本を ＿＿＿＿＿＿ ます。

② 何を 食べますか。

ごはんを ＿＿＿＿＿＿ ます。

3

どこへ　行きますか。

トイレへ ＿＿＿＿＿ ます。

4

何を　飲みますか。

コーラを ＿＿＿＿＿ ます。

5

何を　しますか。

テニスを ＿＿＿＿＿ ます。

6

どこで　会いますか。

デパートで ＿＿＿＿＿ ます。

7

どこで　待ちますか。

学校で ＿＿＿＿＿ ます。

8

何に　乗りますか。

バスに ＿＿＿＿＿ ます。

 1. 아래의 단어들을 써 보세요.

する 하다 　　　　　　　　　_____。

行(い)く 가다 　　　　　　　　_____。

出張(しゅっちょう) 출장 　　　　_____。

友達(ともだち) 친구 　　　　　　_____。

会(あ)う 만나다 　　　　　　　　_____。

来(く)る 오다 　　　　　　　　　_____。

電車(でんしゃ) 열차, 기차, 전철 　_____。

乗(の)る 　　　　　　　　　　　　_____。

いっしょに 함께 　　　　　　　　_____。

映画(えいが) 영화 　　　　　　　_____。

見(み)る 보다 　　　　　　　　　_____。

それから 그리고나서 　　　　　　_____。

夕ご飯(ゆうごはん) 저녁밥, 저녁식사

　　　　　　　　　　　　　　　　_____。

食(た)べる 먹다 　　　　　　　　_____。

週末(しゅうまつ) 주말 　　　　　_____。

尹： 鈴木さん、この 日曜日に 何を しますか。

_____。

鈴木： プサンに 行きます。

_____。

尹： 出張ですか。

_____。

鈴木： いいえ、友達に 会いに 行きます。日本から 友達が 来ます。

_____。

尹： 何で 行きますか。

_____。

鈴木： 電車で 行きます。

_____。

尹： KTXに 乗りますか。

_____。

鈴木： はい、KTXに 乗ります。尹さんは。

_____。

尹： 私は 高橋さんと いっしょに 映画を 見に 行きます。

_____。

それから、夕ご飯を　いっしょに　食べます。

_____。

鈴木：そうですか。高橋さんに　よろしく。

_____。

尹：　はい。では、鈴木さんも　よい　週末を。

_____。

だいがくせいのなつやすみ(大学生の夏休み；대학생의 여름방학)

일본대학은 대개 4월 1일경부터 7월 20일경까지가 1학기(이중 마지막 일주일이 시험)이고 9월 20일경부터 12월 25일경, 1월 7일경부터 1월 31일경이 2학기 (1월 첫 일주일간이 수업이고 나머지 이주가 시험)입니다.

기말 시험이 끝나면 대부분 「納会(のうかい)」란 것을 하는데, 「納会」란 '시험으로 고생 많았습니다.(テストお疲れさま)'란 의미로 주로 술을 마십니다.

방학 때는 대개 아르바이트로 돈을 모아 여행을 가는 경우가 가장 일반적인데 서클에서 합숙을 가는 경우도 많습니다.

일본은 교통비가 상당히 비싸기 때문에 학생들은 JR에서 발행하는 『青春18切符(きっぷ)』로 여행을 갑니다.

『青春18切符(きっぷ)』란 것은 비싼 신칸센이나 특급과는 달리 2300엔에 정해진 기간 동안 일본 어디든지 맘대로 탈 수 있는 표입니다.

사람에 따라 아르바이트로 돈을 모아 해외여행을 가는 사람도 많은데 고학년일수록 해외여행을 가는 비율이 높고 주로 하와이와 괌, 또는 파리 등 유럽지역입니다.

이밖에 서클 졸업여행으로 해외여행을 하는 경우도 많습니다.

최근에는 긴 방학을 이용해 어학연수를 가는 사람들도 늘어나고 있는 추세입니다.

일본에서는 취직활동을 위한 비용이 적지 않게 듭니다. 그래서 3학년 여름방학부터 이 자금마련을 위해 아르바이트를 더 열심히 합니다.

취직활동 비용으로는 정장, 구두, 핸드백을 사거나 기업을 찾아다닐 때 필요한 교통비, 이력서 비용, 사진 값, 점심 값 등이 듭니다.

東大門（トンデムン）へ　買（か）い物（もの）に　行（い）きましょう。

第十三課

東大門<ruby>トンデムン</ruby>へ　買<ruby>か</ruby>い物<ruby>もの</ruby>に　行<ruby>い</ruby>きましょう。

高橋<ruby>たかはし</ruby>　南<ruby>ナム</ruby>さん、私<ruby>わたし</ruby>、かばんを　一<ruby></ruby>つ　買<ruby>か</ruby>いたいですが。

どこが　やすいですか。

南<ruby>ナム</ruby>　東大門<ruby>トンデムン</ruby>が　やすいです。

高橋<ruby>たかはし</ruby>　学校<ruby>がっこう</ruby>から　遠<ruby>とお</ruby>いですか。

南<ruby>ナム</ruby>　そんなに　遠<ruby>とお</ruby>くありません。

地下鉄<ruby>ちかてつ</ruby>で　30分<ruby>さんじゅっぷん</ruby>ぐらい　かかります。

高橋　帽子も　ありますか。

南　　あります。私も　ほしいな。

高橋　いっしょに　行きませんか。

南　　そうですね。行きましょう。

高橋　何時に　行きますか。

南　　3時ごろ　行きましょう。

高橋　そう　しましょう。どこで　待ち合わせを　しましょうか。

南　　外大駅は　どうですか。

高橋　はい、外大駅で　会いましょう。　では、あとで。

☐ 〜へ	〜에, 〜로
☐ 買い物(かいもの)	쇼핑
☐ 一(ひと)つ	하나, 한개
☐ 買(か)う	사다
☐ 〜たい	〜(고)싶다
☐ やすい	싸다
☐ 遠(とお)い	멀다
☐ 地下鉄(ちかてつ)	지하철
☐ 〜ぐらい	〜정도
☐ かかる	걸리다
☐ 帽子(ぼうし)	모자
☐ 〜な	감탄을 나타내는 조사, 〜구나
☐ 待(ま)ち合(あ)わせ	(시간, 장소 등을 정해서)만남
☐ 待ち合わせをする	만나다
☐ あとで	나중에
☐ 〜では、あとで	그럼 나중에 만납시다

어구설명

1 待ち合わせを する 만나(기로 하)다

일본어에는 '만나다'는 의미를 나타내는 어휘가 많다. 이 가운데 「待ち合わせる」는 미리 시간과 장소를 정해서 만날 경우에 쓰인다. 동사 「待ち合わせる」 대신에 「待ち合わせをする」라고도 한다.

学校の　前で　<u>待ち合わせましょう</u>。 학교 앞에서 만납시다.

7時に　ロッテホテルの　ロビーで　<u>待ち合わせを　しましょう</u>。

일곱 시에 롯데 호텔 로비에서 만납시다.

2 では、あとで。그럼 나중에 봅시다

헤어질 때 하는 인사로 「では、あとで(그럼 나중에)」다음에 「あいましょう
(만납시다)」가 생략되었다. 「では、また(그럼 또 봅시다)」도 많이 쓰인다.

 문법설명

1 ~たい ~(고)싶다

ます형에 붙여 희망을 나타낸다. 보통 「~が　~たい」문형으로 쓰인다. 「명
사＋が　ほしい」의 형태로도 쓰이며 이럴 경우 '~을 갖고 싶다' '~이 있었
으면 좋겠다'라는 뜻.

日本へ　<u>行きたい(です)</u>。 일본에 가고 싶(습니)다.

ケーキが　<u>食べたい</u>。 케이크를(가) 먹고 싶다.

つめたい　ビールが　<u>ほしいです</u>。 차가운 맥주를 마시고 싶(습니)다.

2 ~ません/~ませんか ~지 않습니다/~하지 않겠습니까

「~ません」은 동사의 정중형인 「ます」의 부정형으로 '~지 않습니다'의 뜻이
고 「~ませんか」는 '~하지 않겠습니까'라고 제안하는 뜻을 나타낸다.

明日は　会社へ　<u>行きません</u>。 내일은 회사에 가지 않습니다.

会社へ　いっしょに　<u>行きませんか</u>。 회사에 함께 가지 않겠습니까?

3 ~ましょう/~ましょうか ~합시다

「~ましょう」는 동사의 정중한 청유형으로 '~합시다'란 뜻이다. 또한 「~ま
しょうか」는 「~ましょう」에 비해 완곡한 청유표현이다.

東京へ　いっしょに　<u>行きましょう</u>。 동경에 함께 갑시다.
東京へ　いっしょに　<u>行きましょうか</u>。 동경에 함께 가실래요?

단어연습

1. 다음 문장의 (　　) 안에 알맞은 단어는?

_{ちかてつ}地下鉄で　_{さんじゅっぷん}30分ぐらい　（　　　　）。

① かかります　　　　　② たべます
③ します　　　　　　　④ みます

2. 다음 중 한자 읽기가 잘못된 것은?

① 遠い-とおい　　　　　② 買う-かう
③ 待ち合わせ-まちあわせ　④ 帽子-ぼし

3. 다음 중 헤어질 때 하는 인사가 아닌 것은?

① じゃ、また　　　　　② こんにちは
③ さようなら　　　　　④ では、あとで

4. 다음 동사의 청유형이 잘못된 것은?

① 行きましょう   ② 来ましょう

③ 食べましょう   ④ 会うましょう

5. 하루 일과에 대한 표현을 익혀봅시다.

＜朝＞ 아침

朝　早く起きます。 아침에 일찍 일어납니다.

シャワーを　あびます。 샤워를 합니다.

新聞を　読みます。 신문을 읽습니다.

パンを　食べます。 빵을 먹습니다.

学校へ　行きます。 학교에 갑니다.

電車に 乗ります。전철을 탑니다.

<昼> 점심

昼ご飯を 食べます。점심을 먹습니다.

買い物を します。쇼핑을 합니다.

家に 帰ります。집에 돌아갑니다.

<夕方> 저녁

夕ご飯を 食べます。저녁을 먹습니다.

テレビを 見ます。TV를 봅니다.

勉強を します。공부를 합니다.

本を 読みます。책을 읽습니다.

夜 寝ます。밤에 잡니다.

6. 앞의 일과를 바탕으로 다음 질문에 답하세요.

❶ 朝 早く 起きますか。　　　　はい(　　　) いいえ(　　　)
아침에 일찍 일어납니까?

❷ 朝 シャワーを あびますか。　はい(　　　) いいえ(　　　)
아침에 샤워를 합니까?

❸ 新聞を 読みますか。　　　　はい(　　　) いいえ(　　　)
신문을 읽습니까?

❹ 朝 パンを 食べますか。　　　はい(　　　) いいえ(　　　)
아침에 빵을 먹습니까?

❺ 学校は 電車で 行きますか。　はい(　　　) いいえ(　　　)
학교는 전철로 갑니까?

❻ 昼ご飯を 食べますか。　　　　はい(　　　) いいえ(　　　)
점심을 먹습니까?

7 家_{いえ}に 早_{はや}く 帰_{かえ}りますか。　　はい(　　　) いいえ(　　　)

집에 일찍 돌아갑니까?

8 日曜日_{にちようび}に 買_かい物_{もの}を しますか。 はい(　　　) いいえ(　　　)

일요일에 쇼핑을 합니까?

9 夕_{ゆう}ご飯_{はん}を 家_{いえ}で 食_たべますか。 はい(　　　) いいえ(　　　)

저녁을 집에서 먹습니까?

10 テレビを 見_みますか。　　　　はい(　　　) いいえ(　　　)

TV를 봅니까?

11 図書館_{としょかん}で 勉強_{べんきょう}を しますか。 はい(　　　) いいえ(　　　)

도서관에서 공부를 합니까?

12 毎日_{まいにち} 本_{ほん}を 読_よみますか。　 はい(　　　) いいえ(　　　)

매일 책을 읽습니까?

13 夜_{よる} 早_{はや}く 寝_ねますか。　　　はい(　　　) いいえ(　　　)

밤에 일찍 잡니까?

 7. 다음 물음에 대답해 보세요.

	①	②	③
1 何が したいですか。	テニス	べんきょう	かいもの
2 何_たが 食べたいですか。	ラーメン	おすし	ピザ

③ 何が　見たいですか。　　　テレビ　　えいが　　アニメ

④ 何を　買いたいですか。　　かばん　　くるま　　コンピュータ

⑤ どこに　行きたいですか。　スイス　　東京　　パリ

⑥ だれに　会いたいですか。　友だち　　先生　　タレント

 1. 본문 내용과 맞는 것을 찾으시오.

① 高橋さんは　南さんと　いっしょに　かばんを　買いに　デパートへ　行きます。
② 高橋さんは　南さんと　いっしょに　かばんを　買いに　東大門へ　行きます。
③ 高橋さんは　南さんと　いっしょに　ネクタイを　買いに　東大門へ　行きます。
④ 高橋さんは　南さんと　いっしょに　ネクタイを　買いに　デパートへ　行きます。

 2. 다음 문장에서 각각 틀린 곳을 찾으세요.

❶ 3時ごろ　外大駅に　待ち合わせを　しましょう。
　　　　①　　　②　　　　③　　　　④

❷ 私も　帽子も　一つ　ほしいな。
　①　　②　　③　　④

❸ 東大門は　学校で　地下鉄で　30分ぐらい　かかります。
　　　　　①　　　②　　　③　　　　④

3. 다음 문장을 일본어로 작문해 보세요.

❶ 가방을 하나 사고 싶은데 어디가 제일 쌉니까?

_____

❷ 동대문에 쇼핑하러 함께 가지 않겠습니까?

_____

1. 다음에 주어진 단어를 이용하여 보기와 같은 문형을 만들어 보세요.

┌─ 보기 ─────────────────────────┐
│   │
│   買い物に   行きましょう   │
│   │
└──────────────────────────────┘

ひるごはん		のり	
テレビを		やすみ	
タクシーに	を	あい	ましょう
せんせいに		み	
いえで		たべ	

❶ _____ 。　❷ _____ 。

❸ _____ 。　❹ _____ 。

❺ _____ 。

2. 다음 보기와 같이 문장을 바꿔 보세요.

> ─보기─
>
> べんきょうを　します。
>
> → べんきょうを　しましょう。

❶ あさごはんを　たべる。　→ _____。

❷ えいがを　みる。　→ _____。

❸ かいものに　いく。　→ _____。

❹ さんぽを　する。　→ _____。

❺ ビールを　のむ。　→ _____。

❻ ともだちに　あう。　→ _____。

3. 다음 물음에 답해 보세요.

❶ 学校へ　いっしょに　いきませんか。

ええ、_____。

❷ 何か　たべませんか。

ええ、_____。

❸ コーラでも　のみませんか。

ええ、_____。

❹ あした　えいがでも　みませんか。

ええ、_____。

 1. 아래의 단어들을 써 보세요.

買い物(かいもの) 쇼핑　　　　　　＿＿＿＿＿＿＿＿＿＿＿＿＿＿＿＿。

一(ひと)つ 하나, 한개　　　　　　＿＿＿＿＿＿＿＿＿＿＿＿＿＿＿＿。

買(か)う 사다　　　　　　　　　　＿＿＿＿＿＿＿＿＿＿＿＿＿＿＿＿。

やすい 싸다　　　　　　　　　　　＿＿＿＿＿＿＿＿＿＿＿＿＿＿＿＿。

遠(とお)い 멀다　　　　　　　　　＿＿＿＿＿＿＿＿＿＿＿＿＿＿＿＿。

地下鉄(ちかてつ) 지하철　　　　＿＿＿＿＿＿＿＿＿＿＿＿＿＿＿＿。

かかる 걸리다　　　　　　　　　　＿＿＿＿＿＿＿＿＿＿＿＿＿＿＿＿。

帽子(ぼうし) 모자　　　　　　　　＿＿＿＿＿＿＿＿＿＿＿＿＿＿＿＿。

待(ま)ち合(あ)わせ (시간, 장소 등을 정해서)만남

　　　　　　　　　　　　　　　　＿＿＿＿＿＿＿＿＿＿＿＿＿＿＿＿。

あとで 나중에　　　　　　　　　　＿＿＿＿＿＿＿＿＿＿＿＿＿＿＿＿。

 2. 아래 문장을 읽고 의미를 생각하면서 써 보세요.

南(ナム)さん、私(わたし)、かばんを 一(ひと)つ 買(か)いたいですが。どこが やすいですか。

＿＿＿＿＿＿＿＿＿＿＿＿＿＿＿＿＿＿＿＿＿＿＿＿＿＿＿＿＿＿＿＿。

東大門(トンデムン)が やすいです。

＿＿＿＿＿＿＿＿＿＿＿＿＿＿＿＿＿＿＿＿＿＿＿＿＿＿＿＿＿＿＿＿。

学校から 遠いですか。

_____ 。

そんなに 遠くありません。地下鉄で 30分ぐらい かかります。

_____ 。

帽子も ありますか。

_____ 。

あります。私も ほしいな。

_____ 。

いっしょに 行きませんか。

_____ 。

そうですね。行きましょう。

_____ 。

何時に 行きますか。

_____ 。

3時ごろ 行きましょう。

_____ 。

そう しましょう。どこで 待ち合わせを しましょうか。

_____ 。

外大駅は どうですか。

_____ 。

はい、外大駅で 会いましょう。 では、あとで。

_____ 。

만국공통의 「アー」와 「ウー」

일본의 고 오오히라(大平) 수상은 말하는 도중에 「アー」나 「ウー」라는 말을 아무 의미 없이 자주 사용해서 「アーウー首相(しゅしょう)」란 별명을 얻었습니다.

왜 일본사람들은 「アー」나 「ウー」와 같은 말을 자주 쓰는 걸까요?

말에는 표정, 몸짓, 목소리의 억양 등이 보조수단으로 사용될 수 있습니다. 그리고 「エー」「まー」「……ね」「……よ」「……ぞ」 등의 감동사나 간투사(間投詞)가 쉽게 쓰입니다.

글은 읽는 사람에게 넘어가기 전에 시간적인 여유가 있으므로 잘못된 곳을 몇 번이고 고칠 수 있습니다. 그러나 말은 한번 해버리면 다시 주워 담을 수가 없습니다.

프랑스의 철학자인 롤랑 바르뜨(Roland Barthes)는 '음성언어(말)의 경우, 정정하는 것은 추가하는 것이다. 잘못 말한 것을 제거할 수도 삭제할 수도 말소할 수도 없다. 이것이 음성언어의 숙명이다'라고 했습니다. 그래서 인간은 말할 때 특히 공식적인 자리에서는 신중해지며 시간을 벌기 위해 「アー」나 「ウー」「エー」「まー」「……ね」 등 무의미하게 들리는 말을 하게 되는 겁니다. 그러므로 「アー」 나 「ウー」 는 무의미한 것 같지만 사실은 상당히 의미가 있는 것인지도 모릅니다.

그리고 이러한 사정은 만국공통이므로 외국어에서도 자주 씁니다. 영어에서는 '회화 중에 시간을 벌려면 'Iaaa'를 쓰라고 합니다.

외국인 스포츠 선수 들이 인터뷰 중에 'You know'를 많이 써서 시간을 버는 것도 같은 이유에서입니다.

부록

본문해석
연습문제 해답

본문 해석

第四課　はじめまして。イです。처음 뵙겠습니다. 이○○입니다.

李 :　나카무라 선생님 안녕하십니까.
中村 :　아, 이○○씨 안녕하세요. 이○○씨 하야시씨입니다.
林 :　처음 뵙겠습니다. 하야시입니다. 잘 부탁드립니다.
李 :　처음 뵙겠습니다. 이○○입니다. 잘 부탁드립니다.
林 :　이○○는 학생입니까?
李 :　예, 그렇습니다. 하야시씨는요?
林 :　저는 회사원입니다.

第五課　これは　なんですか。이것은 무엇입니까?

ボア :　다나카씨 그것은 무엇입니까?
田中 :　이거 말입니까? 이것은 술입니다.
ボア :　무슨 술입니까?
田中 :　일본술(정종)입니다.
ボア :　누구 술입니까?
田中 :　내 것입니다.
ボア :　저것도 술입니까?
田中 :　어느 것 말입니까? 아, 저것은 술이 아닙니다. 차입니다.
ボア :　저것도 일본 차입니까?
田中 :　아니오, 한국 차입니다.

第六課　本屋は　あそこです。서점은 저깁니다.

森田 :　저, 서점은 어딥니까?
金 :　서점은 저깁니다.
森田 :　서점은 몇시부터 몇시까지입니까?
金 :　오전 9시부터 오후 5시까지입니다.
森田 :　감사합니다. 김○○씨의 전화번호는　몇 번입니까?
金 :　010-9876-4523입니다. 나중에 전화주세요.
森田 :　예. 그럼 또 뵙겠습니다.

第七課　たんじょう日は　いつですか。생일은 언제입니까?

田中： 다음 주에 롯데 호텔에서 생일 파티가 있습니다.
李　： 누구 생일입니까?
田中： 나카무라씨의 생일입니다.
李　： 언제입니까?
田中： 4월 13일입니다.
李　： 다음 주 토요일이군요.
田中： 예, 그렇습니다.
李　： 롯데 호텔은 어디입니까?
田中： 명동입니다.

第八課　ワイシャツは　いくらですか。와이셔츠는 얼마입니까?

＜デパートの　中＞ 백화점 안

田中： 와이셔츠는 어디에 있습니까?
店員： 여기 있습니다.
田中： 얼마입니까?
店員： 한장에 오천엔입니다.
田中： 넥타이도 있습니까?
店員： 예, 와이셔츠 옆에 있습니다.
田中： 넥타이는 얼마입니까?
店員： 넥타이도 오천엔입니다.
田中： 그럼 이것과 이것을 주세요.
店員： 예, 알겠습니다.

第九課　辛くありませんか　맵지 않습니까?

ユン： 나카무라씨 안녕하세요.
中村： 아, 윤00씨 안녕하세요.
ユン： 저 지금 몇 시입니까?
中村： 12시 30분입니다.
ユン： 점심은요?
中村： 아직입니다.
ユン： 그러면 함께 어때요?
中村： 좋습니다.
ユン： 삼계탕은 어떻습니까?
中村： 맵지 않습니까?
ユン： 전혀 맵지 않습니다. 맛있습니다.
中村： 저 가게는 사람이 많군요.
ユン： 아주 맛있는 가게입니다.

中村 :　비싸지 않습니까?

ユン :　그렇게 비싸지 않습니다.

中村 :　차가운 맥주도 마시고 싶군요.

ユン :　좋아요.

第十課　お元気ですか。잘 지내십니까?

田中 :　이〇〇씨, 잘 지내십니까?

李 :　예, 덕분에 잘 지냅니다.

田中 :　이 주변은 조용하네요.

李 :　예, 아주 조용합니다.

田中 :　교통도 편리합니까?

李 :　아니오, 교통은 편리하지 않습니다.

田中 :　이〇〇씨는 일본어를 아주 잘 하네요. 발음도 예쁩니다(좋습니다).

李 :　감사합니다.

田中 :　일본요리는 어떻습니까?

李 :　좋아합니다.

田中 :　어떤 요리를 좋아합니까?

李 :　뭐든지 좋아합니다.

第十一課　済州道は　楽しかったです。제주도는 즐거웠습니다.

橋本 :　날씨가 좋네요.

朴 :　그렇군요. 어제도 날씨가 좋았어요. 제주도는 어땠습니까?

橋本 :　즐거웠습니다. 낮에는 좀 더웠지만 밤에는 시원해서 기분 좋았습니다.

朴 :　음식은 무엇이 제일 맛있었습니까?

橋本 :　생선이 제일 싱싱하고 맛있었습니다.

朴 :　제주도 사진은요?

橋本 :　있습니다. 이겁니다.

朴 :　여기는 어딥니까?

橋本 :　한라산입니다. 아주 아름다웠습니다.

朴 :　이 분은 하시모토씨 어머님입니까?

橋本 :　예, 어머니입니다.

朴 :　어머니가 예쁘시네요.

橋本 :　전에는 더 예쁘셨습니다만….

朴 :　그랬겠네요.

第十二課　日曜日に　何を　しますか。일요일에 무엇을 합니까?

尹 :　스즈키씨 이번 일요일에 무엇을 합니까?

鈴木 :　부산에 갑니다.

尹 :　출장입니까?

鈴木 : 아니오, 친구를 만나러 갑니다. 일본에서 친구가 옵니다.
尹 : 무엇으로 갑니까?
鈴木 : 열차로 갑니다.
尹 : KTX를 탑니까?
鈴木 : 예, KTX를 탑니다. 윤OO씨는요?
尹 : 저는 다카하시씨와 함께 영화를 보러 갑니다.
　　　그리고나서 저녁을 함께 먹습니다.
鈴木 : 그렇습니까? 다카하시씨한테 안부 전해주세요.
尹 : 예, 그럼 스즈키씨도 주말 잘 보내세요.

第十三課　東大門へ　買い物に　行きましょう。　동대문에 쇼핑하러 갑시다.

高橋 : 남OO씨 나, 가방 하나 사고 싶은데요.
　　　어디가 쌉니까?
南 : 동대문이 쌉니다.
高橋 : 학교에서 멉니까?
南 : 그다지 멀지 않습니다.
　　　지하철로 30분 정도 걸립니다.
高橋 : 모자도 있습니까?
南 : 있습니다. 나도 사고 싶네.
高橋 : 함께 가지 않겠습니까?
南 : 글쎄요. 갑시다.
高橋 : 몇 시에 가겠습니까?
南 : 세시 쯤에 갑시다.
高橋 : 그렇게 합시다. 어디에서 만날까요?
南 : 외대역은 어떻습니까?
高橋 : 예, 외대역에서 만납시다. 그럼 나중에 보지요.

부 록

연습문제 해답

第一課　일본어 문자와 발음(Ⅰ) 히라가나오십음도

연습문제

1. ③　　　　　　　　　　　　　2. ④

3. ②　　　　　　　　　　　　　4. ①

5. ④

6. ① (1) く　(2) ら　(3) て　　　② (1) ④　(2) ③　(3) ④　(4) ①　(5) ②

　　③ (1) ま-ma, も-mo, む-mu, み-mi, め-mo　　(2) に-ni, ぬ-nu, な-na, の-no, ね-ne

　　　 (3) ふ-hu, ゆ-yu, け-ke, て-te, ち-chi

7. (1) ma mo mu mi me　　　　　(2) ni nu na no ne

　　(3) hu yu ke te chi　　　　　(4) i ri ha ho ko

　　(5) susi　　　　　　　　　　 (6) sakura

　　(7) yama　　　　　　　　　　(8) kata

第二課　일본어 문자와 발음(Ⅱ) 탁음, 반탁음, 요음, 장음

연습문제

1. (1) 탁음　　　　　　　　　　 (2) 탁음

　　(3) 탁음

2. (1) ①　　　　　　　　　　　　(2) ②

　　(3) ②　　　　　　　　　　　　(4) ②

　　(5) ①　　　　　　　　　　　　(6) ②

3. (1) ②　　　　　　　　　　　　(2) ③

　　(3) ① ③ ④　　　　　　　　　(4) ④

　　(5) ② ③ ④

4. (1) さんぽ　　　　　　　　　　(2) めっき

　　(3) さら　　　　　　　　　　 (4) だらい

　　(5) いっぱい　　　　　　　　 (6) べんとう

　　(7) つめきり　　　　　　　　 (8) ようじ

　　(9) わりばし　　　　　　　　 (10) そでなし

　　(11) もち　　　　　　　　　　(12) らーめん

第三課 일본어 문자와 발음(III) 가타카나(片仮名)

단어연습
(1) バス
(2) ミルク
(3) コーヒー
(4) シャツ
(5) アイスクリーム
(6) チョコレート
(7) ズボン
(8) カーテン
(9) ネクタイ
(10) エスカレート
(11) ラジオ
(12) ワイン

연습문제
1. ① か
② る
③ と
④ う
2. ① ミ ツ シ ソ ノ
② ク ワ ウ ヲ ラ
③ ヨ ユ ロ ニ コ
④ ハ ホ テ メ コ
3. (1) イベント
(2) エスカレータ
(3) キス
(4) グループ
(5) キャンペーン
(6) ゲーム
(7) シャツ
(8) ジュース
(9) トイレ
(10) ノック
(11) ビデオ
(12) ミルク

第四課 はじめまして。イです。 처음 뵙겠습니다. 이○○입니다.

단어연습
2. ① おはようございます
② はじめまして
③ どうぞよろしく
3. ① ん
② が
③ く
④ た
⑤ しゃ

본문연습
1. おはよう、よろしく、そうです、私は
2. (1) ③ (2) ① (3) ④ (4) ④

第五課 これは　なんですか。 이것은 무엇입니까?

단어연습
1. ③
2. ④
3. ②

본문연습
1. これは、にほんしゅ、私、日本、韓国

2. これは、何の、誰の、ではありません、も、いいえ
1. ③
2. ①
3. ④
4. ④

문형연습
5. ① それは　お茶ではありません。
③ あれは　ジュースではありません。
⑤ それは　きものではありません。
② これは　ピアノではありません。
④ これは　かばんではありません。

7. ① これは　わりばしです。
③ あれは　さしみではありません。
⑤ これは　さくらではありません。
② それは　たくあんではありません。
④ それは　うどんです。
⑥ それは　サラダではありません。

8. ① お酒
③ みかん
⑤ アイスクリーム
② お茶
④ ジュース

第六課　本屋は　あそこです。 서점은 저깁니다.

단어연습
1. ②
2. ④
3. ①
4. ① 1-いち
③ 4-し、よん
⑤ 8-はち
⑦ 20-にじゅう
② 3-さん
④ 6-ろく
⑥ 9-く、きゅう
5. ①, ③

단어익히기
1. 駅(えき)、学校(がっこう)、銀行(ぎんこう)、食堂(しょくどう)
病院(びょういん)、郵便局(ゆうびんきょく)、コーヒーショップ
スーパー、デパート、トイレ、ビル、ホテル、レストラン

본문연습
1. ③
2. ① まで
③ じゃ
② の
3. ①

문형연습
3. ① 午前11時から午後6時までです。
③ 午前9時から午後5時までです。
⑤ 午前9時から午後4時までです。
② 午前10時から午後7時までです。
④ 午前10時から午後8時までです。
4. ① すみません、お酒ください。
③ すみません、おすしください。
⑤ すみません、みかんください。
② すみません、お茶ください。
④ すみません、たばこください。

202　日本語入門

第七課　たんじょう日は　いつですか。생일은 언제입니까?

단어연습

1. ③　　　　　　　　　　　　　　　2. ①
3. ②　　　　　　　　　　　　　　　4. ②

단어익히기

① 日曜日（にちようび）　　　　　　② 火曜日（かようび）
③ 木曜日（もくようび）　　　　　　④ 金曜日（きんようび）
⑤ 水曜日（すいようび）　　　　　　⑥ 土曜日（どようび）
⑦ 月曜日（げつようび）

본문연습

1. ①、②　　　　　　　　　　　　　2. ②

第八課　ワイシャツは　いくらですか。와이셔츠는 얼마입니까?

단어익히기

1. ① うえ　　　　　　　　　　　　② した
　 ③ なか　　　　　　　　　　　　④ まえ
　 ⑤ うしろ
2. ① うしろ　　　　　　　　　　　② まえ
　 ③ となり
3. ① となり　　　　　　　　　　　② 郵便局（ゆうびんきょく）
　 ③ となり　　　　　　　　　　　④ となり
　 ⑤ うしろ

본문연습

1. ③　　　　　　　　　　　　　　　2. ②
3. ④

第九課　辛くありませんか　맵지 않습니까?

단어연습

1. ③　　　　　　　　　　　　　　　2. ①
3. ③　　　　　　　　　　　　　　　4. ③

단어익히기

1. ① さむい　　　　　　　　　　　② ひろい
　 ③ おいしい　　　　　　　　　　④ はやい
　 ⑤ たかい

2. ① さむ　　　　　　　　　　　② たか
　　③ おいし　　　　　　　　　　④ なが
　　⑤ くら　　　　　　　　　　　⑥ はや
　　⑦ おおき
3. ① あかい　　　　　　　　　　② たかい
　　③ あつい　　　　　　　　　　④ やさしい

본문연습
1. まだ、一緒に　　　　　　　　　　2. ④
3. ①　　　　　　　　　　　　　　　4. ②

第十課　お元気ですか。잘 지내십니까?

단어연습
1. ②　　　　　　　　　　　　　　　2. ①
3. ③

단어　익히기
1. しずか、げんき、しんせん、べんり、⑤ じょうず、⑥ りっぱ、きれい
3. きらいだ(싫어하다)、にぎやかだ(번화하다)

본문연습
1. おかげさまで、とても　　　　　　2. ②
3. ④　　　　　　　　　　　　　　　4. ③

第十一課　済州道は　楽しかったです。제주도는 즐거웠습니다.

단어연습
1. ④　　　　　　　　　　　　　　　2. ③
3. ①

단어　익히기
1. ご飯、食べ物、魚、写真、母(お母さん)、たのしい、あつい、新鮮だ、涼しい、気持いい
2. ことし、らいげつ、こんしゅう、きのう、ゆうがた、ふゆ

본문연습
1. ③　　　　　　　　　　　　　　　2. ②
3. ① いい　お天気ですね。
　　② 写真の　中のこ　方は　橋本さんの　お母さんですか。
　　③ 済州道は　涼しくて　気持よかったです。
　　④ 魚が　一番　新鮮で　おいしかったです。

문형연습
3. ① やす、おいしい
   ③ なが、はやい
   ⑤ きれい、しんせつ
   ② すずし、きもちいい
   ④ しずか、こうつうが　べんり
4. ① あつくなかったです。
   ③ よくなかったです。
   ⑤ しんせんではありませんでした。
   ② たのしくなかったです。
   ④ しずかではありませんでした。
   ⑥ にぎやかではありませんでした。

第十二課　日曜日に　何を　しますか。일요일에 무엇을 합니까?

단어연습
1. ④
3. ④
2. ③
4. ②

단어　익히기
1. やすみます、きます、おきます、かきます、まちます、ねます、のみます、とります、します、ききます

본문연습
1. ①と、それから
   ③ に
   ⑤ を
2. ⑤
   ② から
   ④ で
3. ① 行きます。
   ③ 乗ります。
   ⑤ 食べます。
   ⑦ します。
4. ②
   ② 見ます。
   ④ 会います。
   ⑥ 来ます。

문형연습
3. ① たべます
   ③ いきます
   ⑤ ききます
   ② します
   ④ みます
   ⑥ よみます
4. ① 食べに
   ③ 読みに
   ⑤ 会いに
   ⑦買いに
   ② 飲みに
   ④ 見に
   ⑥ 散歩に
5. ① よみ
   ③ いき
   ⑤ し
   ⑦ まち
   ② たべ
   ④ のみ
   ⑥ あい
   ⑧ のり

第十三課　東大門へ　買い物に　行きましょう。　동대문에 쇼핑하러 갑시다.

단어연습

1. ①　　　　　　　　　　　　　　　　2. ④
3. ②　　　　　　　　　　　　　　　　4. ④

본문연습

1. ②
2. (1) ②　　　　　　　　　　　　　　(2) ②
　　(3) ①

3. ① かばんを　一つ　買いたいですが、どこが　一番　やすいですか。
　　② 東大門へ　買い物に　いっしょに　行きませんか。

문형연습

2. ① あさごはんを　たべましょう。　　② えいがを　みましょう。
　　③ かいものに　いきましょう。　　④ さんぽを　しましょう。
　　⑤ ビールを　のみましょう。　　　⑥ ともだちに　あいましょう。
3. ① いっしょに　いきましょう。　　② たべましょう。
　　③ のみましょう。　　　　　　　　④ みましょう。

❀ 윤 호 숙

한국외국어대학교/대학원 일본어과 졸업
일본 히로시마대학 일본어교육학과 일본어 문법·문체 전공 박사
현 사이버한국외국어대학교 일본어학부 교수

[개정판] 日本語入門

개정판 1쇄 발행 2018년 08월 30일

저   자 윤 호 숙
발 행 인 윤 석 현
발 행 처 제이앤씨
책임편집 최 인 노
등록번호 제7-220호

우편주소 서울시 도봉구 우이천로 353 성주빌딩 3층
대표전화 02) 992 / 3253
전   송 02) 991 / 1285
홈페이지 http://jncbms.co.kr
전자우편 jncbook@hanmail.net

ⓒ 윤호숙 2018 All rights reserved. Printed in KOREA

ISBN 979-11-5917-119-2 13730   정가 15,000원

* 이 책의 내용을 사전 허가 없이 전재하거나 복제할 경우
  법적인 제재를 받게 됨을 알려드립니다.
** 잘못된 책은 구입하신 서점이나 본사에서 교환해 드립니다.